К новым приключениям!

Нами Одагири

Тинацу Китаока

Издательство АСАХИ

創って学ぶ! シン・ロシア語入門 URL（音声・単語集・文法補足・その他）

https://text.asahipress.com/free/others/shin_russiannyumon/index.html

音声ダウンロード

 音声再生アプリ「リスニング・トレーナー」（無料）

朝日出版社開発のアプリ、「リスニング・トレーナー（リストレ）」を使えば、教科書の音声をスマホ、タブレットに簡単にダウンロードできます。どうぞご活用ください。

まずは「リストレ」アプリをダウンロード

» App Store はこちら   » Google Play はこちら

アプリ【リスニング・トレーナー】の使い方
① アプリを開き、「コンテンツを追加」をタップ
② QRコードをカメラで読み込む

③ QRコードが読み取れない場合は、画面上部に 55509 を入力し
「Done」をタップします

まえがき

この教科書を手にしているみなさん、ロシア語を選んでくださって、ありがとうございます。

世界には 7,000 もの言語があると言われています。(え、そんなに多いと思いませんでしたか。)みなさんは、その中からロシア語を学ぶことになったのです。選んでくれた理由は人それぞれだと思いますが、何かのご縁があったのでしょう。

この教科書の目的は、単に入門レベルのロシア語を身につけることではありません。「創って学ぶ!」というタイトルの通り、様々な創作活動を通してロシア語を学んでいきます。簡単な発表スライド作りから、朗読や紙芝居、プレゼンテーション、映像作品、時には料理まで!?　一体何をやらされるのだろうと、不安になった人もいるかもしれませんが、どうかご安心を。みなさん自身が興味を持っていることや、趣味・特技を存分に活かしつつ、楽しみながら取り組んでいきましょう。この教科書を終える頃には、手元に色んな成果物が入ったポートフォリオ (アイテムボックス) が出来上がり、みなさんの大切な宝物になることでしょう。

この教科書のロシア語版タイトル «К новым приключениям!» は、直訳すると「新たなる冒険へ!」です。まだ文字さえ読めない言語にこれから挑戦するみなさんは、まさに新たなる冒険へ出発するところです。表紙をめくったところにあらわれる地図に描かれているのは、この冒険で出会うキャラクターたちです。歴史上の人物や作家もいれば、民話の登場人物、そしてロシア語学習の先輩まで。このキャラクターたちが、入門レベルのロシア語から、さらなる文化の学び、そして他の言語の学びへと、みなさんを導いてくれます。

さて、そろそろ冒険を始めましょうか。2 ページの「プロローグ」に進んで下さい。みなさん宛に謎のメッセージが届いていますよ。一体誰からのメッセージなのでしょう?　それは、この教科書の最後の最後で分かるかもしれません。

編者

目　次

プロローグ 2
ロシア語の名前と自己紹介の表現

Урок 1

文字と発音（1） 4
文字の読み方を学びます。

Урок 2

文字と発音（2） 10
読み方の規則を学びます。

Урок 3

Это вкусные пирожки. 16
身の回りにあるものについて「これは私の…な…です」と言える
ようになりましょう。

Урок 4

Я люблю пирожки! 22
ロシア語でピロシキの作り方を学びます。好きな料理について簡
単にロシア語で紹介してみましょう。

Урок 5

«Я вас любил» 28
ロシアの国民的詩人プーシキンの詩の暗唱朗読の練習をします。
人物について簡単にロシア語で紹介できるようになりましょう。

Урок 6

Сказки и анекдоты 34
ロシアの民話やアネクドートをリズミカルに読めるように練習し
ます。紙芝居、ペープサート、寸劇などに挑戦してみましょう。

大文字

А Б В Г Д Е Ё Ж З И Й

К Л М Н О П Р С Т У Ф

Х Ц Ч Ш Щ Ъ Ы Ь Э Ю Я

小文字

а б в г д е ё ж з и й

к л м н о п р с т у ф

х ц ч ш щ ъ ы ь э ю я

筆記体見本

Алфавит

Аа Бб Вв Гг

Дд Ее Ёё Жж

Зз Ии Йй Кк Лл

Мм Нн Оо Пп Рр

Сс Тт Уу Фф Хх

Цц Чч Шш Щщ

ъ ы ь Ээ Юю Яя

Я люблю пирожки.

Я изучаю русский язык.

プロローグ

ある日、あなた宛に一通のメールが届いた。

♪2

Добрый день!
Поздравляем! Вы были выбраны для участия в нашей игре.
Мы приглашаем Вас в новые приключения.
Вас ждет много нового и интересного!
Добро пожаловать в мир русского языка!
Желаем Вам удачи и успехов!

С уважением, Мастер игры

見覚えのあるローマ字のような文字に加えて、顔文字の一部のような文字も並んでいる。
しかし、何が書いてあるかさっぱり意味がわからない。
これは怪しいウィルスが添付された、いわゆるスパムメールなのではないか…？

暗号のような文字が並ぶメールに驚いたあなたは、削除することを試みる。
が、削除できない…　　そして、気がつくと、あなたはロシア語の世界へ…

ここはロシア語の世界。

これから冒険を始める前に、

あなたがロシア語の世界で使う名前を決めましょう。

あなたが直感で「これだ！」と感じた名前を選んで、

共に冒険をする仲間とロシア語で自己紹介をしてみましょう。

ロシア語の名前

男性の名前		女性の名前	
Алекса́ндр	アレクサンドル	Софи́я	ソフィア
Макси́м	マクシム	Мари́я	マリヤ
Михаи́л	ミハイル	А́нна	アンナ
Артём	アルチョム	Викто́рия	ヴィクトリア
Дании́л	ダニール	Али́са	アリサ
Ива́н	イワン	Анастаси́я	アナスタシア
Дми́трий	ドミートリィ	Поли́на	ポリーナ
Кири́лл	キリル	Елизаве́та	エリザベータ
Андре́й	アンドレイ	Алекса́ндра	アレクサンドラ
Ю́рий	ユーリィ	Да́рья	ダリア
Его́р	エゴール	Варва́ра	ヴァルヴァラ
Илья́	イリヤ	Екатери́на	エカテリーナ
Марк	マルク	Ксе́ния	クセーニャ
Тимофе́й	チモフェイ	Ари́на	アリーナ
Рома́н	ロマン	Еле́на	エレーナ
Ники́та	ニキータ	Верони́ка	ヴェロニカ
Алексе́й	アレクセイ	Васили́са	ヴァシリーサ
Лев	レフ	Мила́на	ミラナ
Влади́мир	ウラジーミル	Вале́рия	ヴァレリヤ
Фёдор	フョードル	Ю́лия	ユリヤ
Яросла́в	ヤロスラフ	Ната́лия	ナターリヤ
Константи́н	コンスタンチン	Ве́ра	ヴェーラ
Серге́й	セルゲイ	Таи́сия	タイーシャ
Степа́н	スチェパン	Светла́на	スヴェトラーナ
Никола́й	ニコライ	Маргари́та	マルガリータ

自己紹介をしてみましょう！ 🔊3

— Здра́вствуйте! こんにちは！

— Здра́вствуйте! こんにちは！

— Меня́ зову́т […]. Как Вас зову́т? 私の名前は…です。あなたのお名前は？

— Меня́ зову́т […]. О́чень прия́тно! 私の名前は…です。どうぞよろしく！

— О́чень прия́тно! Спаси́бо! どうぞよろしく！　ありがとうございます！

文字と発音（1）

🔊 4

А	Б	В	Г	Д	Е	Ё	Ж	З	И	Й	К	Л	М	Н	О	П
Р	С	Т	У	Ф	Х	Ц	Ч	Ш	Щ	Ъ	Ы	Ь	Э	Ю	Я	

ロシア語の文字の世界へようこそ。私はコンスタンティノス。またの名前をキュリロス。ロシア語で使う文字は、私の名前をとってキリル文字と呼ばれている。今のロシア語で使われている文字は私が作ったものではないが、スラヴ民族のことばに文字を創るプロジェクトのリーダーであったから、後に弟子たちがこの文字をキリル文字と名付けたのだ。今のロシア語に使う文字は 33 文字。覚えるのがなかなかたいへんだろうが、がんばってくれたまえ。

Упражнение 1 アルファベットの歌を歌ってみましょう。

а бэ вэ гэ дэ е ё жэ зэ и й(и кра тко е)

ка эл эм эн о пэ эр эс тэ у эф ха цэ чэ

ша ща ъ(твёрдый знак) ы ь(мяг кий знак) э ю я

🔊 5 **Упражнение 2** アルファベットひと文字ひと文字が表す音を発音してみましょう。

❶ まずは母音と、母音の前に [j] がつく音を表す文字から発音してみましょう。

а	ы	у	э	о
я	и	ю	е	ё

ы は「い」を言う口のままで「う」を言ってみて

しっかり口をすぼめて

❷ 次に子音を表す文字を発音してみましょう。 🔊6

(1)	(2)	(3)	(4)	(5)	(6)	(7)	(8)	(9)	(10)	(11)
п	ф	т	с	р	к	ш	щ	ч	ц	й
б	в	д	з		г	ж				
м		н			х					
		л								

(1) п, б, м   па-пэ-по, ба-бэ-бо
                      па-ба, пу-бу, пы-бы, пи-би, пя-бя
                      ма-мэ-мо-мы, мя-мё-мю-ми

(2) ф, в   фа-фу-фо, ва-ву-во, фа-ва, фу-ву, фо-во

(3) т, д, н, л   та-тэ-ту, да-дэ-ду, та-да, ту-ду, ты-ды
                      на-нэ-ну, ня-ню-ни, ла-лэ-лу, ля-лю-лё

(4) с, з   са-сэ-су, за-зэ-зу, са-за, су-зу, сэ-зэ

(5) р   ра-рэ-ро, ра-ры-рэ, ря-рё-рю

(6) к, г, х   ка-кэ-ко, га-гэ-го, ха-хэ-хо
                      ка-га, ко-го, ку-гу, ки-ги

(7) ш, ж   ша-шо-шу, жа-жо-жу, ша-жа, шо-жо, шу-жу

(8) щ   ща-що-щу, що-щу-ща

(9) ч   ча-чо-чу, чо-чу-ча

(10) ц   ца-цо-цу, цо-цу-ца

(11) й   ай-ой-уй, эй-ой-уй

Упражнение 3	ローマ字をひっくり返したような文字もあり、少々とっつきにくいかもしれませんが、ローマ字と同じように読めるものや、数学の記号などでおなじみのギリシャ文字と同じように読めるものがあります。3 つの文字を比べてみましょう。

А Б В Г   Д Е Ё Ж З И Й   К Л М Н   О П Р   С Т У Ф Х Ц Ч Ш Щ Ъ Ы Ь Э Ю Я

А В Г   Δ Ε Ζ Η Θ Ι   Κ Λ М Ν Ξ   О П Р   Σ Τ Υ Φ Χ Ψ Ω

A B C   D E F G H I J   K L M N   O P Q R   S T U V W X Y Z

◀)) 7 | Упражнение 4 | 次の語を読んでみましょう。

ма́ма
па́па
парк
икра́
рестора́н
самова́р

◆ アクセントのある母音は強く長めにはっきりと発音します。
◆ アクセントのない о は「ア」のように発音してください。

◀)) 8 | Упражнение 5 | Ж Ш などのキリル文字特有の文字が入った語も読んでみましょう。

матрёшка
пирожо́к
борщ
шашлы́к
су́шки

чай
лимо́н
конфе́ты
блины́
пря́ники

◀)) 9 | Упражнение 6 | 読んでみましょう。

1. То́кио, О́сака, Кио́то, Ко́бэ, Са́ппоро
2. Москва́, Ло́ндон, Пеки́н, Сеу́л
3. ра́дио, телефо́н, смартфо́н, телеви́зор
4. А́фрика, Аме́рика, Евро́па, А́зия

Упражнение 7 どの動物の鳴き声でしょう。 🔊 10

1. ква-ква
2. му-у
3. мяу-мяу
4. кукареку́
5. гав-гав
6. и-го-го
7. кря-кря
8. бэ-э
9. кар-кар

Воро́на

Петух́

Лягу́шка

Соба́ка

Кот

У́тка

Овца́

Коро́ва

Ло́шадь

Упражнение 8 下の表を参考に自分の名前を書いてみましょう。

ア	イ	ウ	エ	オ	ハ	ヒ	フ	ヘ	ホ
а	и	у	э	о	ха	хи	фу	хэ	хо
カ	キ	ク	ケ	コ	マ	ミ	ム	メ	モ
ка	ки	ку	кэ	ко	ма	ми	му	мэ	мо
サ	シ	ス	セ	ソ	ヤ		ユ		ヨ
са	си	су	сэ	со	я		ю		ё
タ	チ	ツ	テ	ト	ラ	リ	ル	レ	ロ
та	ти	цу	тэ	то	ра	ри	ру	рэ	ро
ナ	ニ	ヌ	ネ	ノ	ワ				ン
на	ни	ну	нэ	но	ва				н

ガ	ギ	グ	ゲ	ゴ	バ	ビ	ブ	ベ	ボ
га	ги	гу	гэ	го	ба	би	бу	бэ	бо
ザ	ジ	ズ	ゼ	ゾ	パ	ピ	プ	ペ	ポ
дза	дзи	дзу	дзэ	дзо	па	пи	пу	пэ	по
ダ	ヂ	ヅ	デ	ド					
да	дзи	дзу	дэ	до					

キャ	キュ	キョ	リャ	リュ	リョ	ニャ	ニュ	ニョ	ビャ	ビュ	ビョ
кя	кю	кё	ря	рю	рё	ня	ню	нё	бя	бю	бё
シャ	シュ	ショ	ギャ	ギュ	ギョ	ヒャ	ヒュ	ヒョ	ピャ	ピュ	ピョ
ся	сю	сё	гя	гю	гё	хя	хю	хё	пя	пю	пё
チャ	チュ	チョ	ジャ	ジュ	ジョ	ミャ	ミュ	ミョ			
тя	тю	тё	дзя	дзю	дзё	мя	мю	мё			

Упражнение 9 ▷ キリル文字で書いてみましょう。

1. 広島　　**2.** 沖縄　　**3.** 浅草　　**4.** 函館　　**5.** 青森

Упражнение 10 ▷ パソコン、スマートフォンなどにキリル文字が打てるように設定し、自分の名
前を書いてみましょう。

🔊))11 🫖 挨拶の表現を覚えましょう。

こんにちは　**Здра́вствуйте!**　　　　　さようなら　**До свида́ния!**

ありがとう　**Спаси́бо!**　　　　　どうぞ／どういたしまして　**Пожа́луйста!**

Домашнее задание 1 ⟩ キリル文字を使って、Ｔシャツ、トートバッグなどをデザインしてみま
しょう。

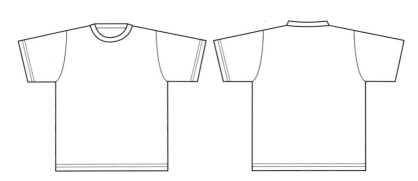

Домашнее задание 2 ⟩ キリル文字の名称の由来であるキュリロスは、いつ頃生き、どういう人
であったか、また、キリル文字はどのように作られたかなど、調べてみ
ましょう。

発 音 の 解 説

❶ 母音と、母音の前に [j] がつく音を表す文字

а, э, и ; 日本語のア・エ・イとほぼ同じ。э は口を縦に広目にあける。и は横にひっぱりぎ
みにする。

о ; 日本語のオを発音するときより唇をより丸めるようにする。

у ; 唇をしっかり丸くし、舌を後ろに引いて発音するウ。о から唇をさらに狭める。

ы ; イとウの中間音。

я, ю, е, ё ; それぞれ [j] + а, [j] + у, [j] + э, [j] + о。なお、ё は常にアクセントをもつ。

❷ 子音を表す文字

⑴ п, б, м ; 上下の唇を合わせて発音する音。それぞれ日本語のパ、バ、マを発音すると
きのはじめの子音と同じ。

⑵ ф, в ; 上の歯と下の唇を使って発音する音。英語の [f], [v] と同じ。

⑶ т, д, н, л ; 舌先を歯の裏につけて発音する音。т, д, н はそれぞれ日本語のタ、ダ、
ナを発音するときのはじめの子音と同じ。л は舌先を歯の裏につけたまま
舌の両脇から息を出す。

⑷ с, з ; 歯と舌の間に狭めをつくり呼気を通して発音する。с は日本語のサを発音すると
きのはじめの子音と同じ。з は с の有声音。[dz] とならないように注意。

⑸ р ; 舌を歯茎のあたりで数回叩くようにして発音する。

⑹ к, г, х ; к, г は日本語のカ・ガを発音するときのはじめの子音と同じ。х は к, г を発
音するときに舌がつく位置で狭めをつくり呼気を通して発音する。

⑺ ш, ж ; 舌を後ろに引いて発音する [ʃ], [ʒ]。

⑻ щ ; 日本語のシを発音するときのはじめの子音を長めに発音する。

⑼ ч ; 日本語のチを発音するときのはじめの子音を少し唇を突き出して発音する。

⑽ ц ; 日本語のツを発音するときのはじめの子音と同じ。

⑾ й ; 日本語のイからさらに舌を口蓋に近づける。

文字と発音 (2)

1つ1つの文字が表す音を覚えると、ほぼそのまま単語をよむことができますが、文字が表す音の通り発音しない規則がいくつかあります。

◀)) 12

молоко́ и яйцо́

規則 1：母音の弱化

① アクセントのない о は「ア」のように発音する。
② アクセントのない я, е は（語尾以外の位置では）「イ」のように発音する。

◀)) 13 **Упражнение 1** 読んでみましょう。

Росси́я　хорошо́　Япо́ния　еда́

Пасха́льное яйцо́

復活祭の卵

◀)) 14

хлеб

規則 2：語末の子音の無声化

語末の有声子音を、対応する無声子音として発音する。

無声子音	п ф т с к ш	х щ ч ц	
有声子音	б в д з г ж		м н л р

◀)) 15 **Упражнение 2** 読んでみましょう。

друг　клуб　нож　глаз

◀)) 16 **単語リスト**

Росси́я ロシア	Япо́ния 日本	друг 友だち	нож ナイフ
хорошо́ 良い	еда́ 食べ物	клуб クラブ	глаз 目

во́дка

футбо́л

🔊 17

規則 3：子音の同化

無声化 無声子音の前の有声子音を、対応する無声子音として発音する。

有声化 有声子音 б, д, з, г, ж の前の無声子音を、対応する有声子音として発音する。

Упражнение 3 読んでみましょう。🔊 18

пирожки́   ска́зка   рюкза́к   баскетбо́л

その他

他にも Здра́вствуйте（в を発音しない）のような例もありますが、こういった例は少ないので、出てくるごとに学んでいきます。

ь と ъ

1課で読み方を学ばなかった文字が2つあります。ь と ъ です。この2つの文字は、それだけでは発音できません。ь があると、まずイの口の構えをしてその前の子音を発音します。

с-сь, к-кь, п-пь, м-мь, л-ль, т-ть

ъ があると、ъ の前の子音と ъ の後ろの я, и, ю, е, ё を分けて発音します。

сесть（座る）- съесть（食べる）

Хлеб-соль
パンと塩で客人を歓迎します。

Упражнение 4 読んでみましょう。🔊 19

письмо́   слова́рь   во́семь   де́вять   тетра́дь

単語リスト 🔊 20

ска́зка お話、民話　　баскетбо́л バスケットボール　слова́рь 辞書　де́вять 9
рюкза́к リュックサック　письмо́ 手紙　　во́семь 8　тетра́дь ノート

11

🔊 21 　Упражнение 5 〉　次の地名を表す語の場所を地図で確認しましょう。

1. Москва́
2. Владивосто́к
3. Хаба́ровск
4. Новосиби́рск
5. Санкт-Петербу́рг
6. Нахо́дка

🔊 22 🍵 授業で使うことばを覚えましょう。

聞いてください　Слу́шайте!

見てください　Смотри́те!

書いてください　Напиши́те!

読んでください　Прочита́йте!

繰り返してください　Повтори́те!

教科書を開いてください　Откро́йте уче́бник!

どうぞ教えてください　Скажи́те, пожа́луйста.

Упражнение 6 〉　写真の中の文字を読んでみましょう。そこに行くと何ができるでしょう？

1.

2.

3.

4.

5.

6.

7.

8.

Упражнение 7 日本で見られるキリル文字を読んでみましょう。

Упражнение 8 Пасха́льное яйцо́ と хлеб-соль を紹介しています。ロシア語を話す人たちの生活や習慣、町並みや文化について調べて、ロシア語の単語を使って紹介してみましょう。

Па́сха 復活祭

　キリスト教では、「春分の日の後の最初の満月の次の日曜日」に、キリストの復活を記念する祝祭が祝われる。

　カトリックやプロテスタントに代表される西方教会と各地の正教会が属する東方教会との間では、復活祭が祝われる日が異なっている。これは、正教会がユリウス暦を維持してきた一方で、カトリックやプロテスタントは 16 世紀にグレゴリオ暦を採用したことによる。

Па́сха のための料理

・Пасха́льное яйцо́: 復活の象徴とされる卵を玉ねぎの皮を使って赤色に染色する。
・Кули́ч: 円筒状のパン。表面は砂糖でコーティングされ、そこには「キリストの復活」を意味する «ХВ (Христо́с Воскре́с)» と書かれることが多い。
・Па́сха: тво́ро́г というカッテージチーズの一種から作られ、この表面には «ХВ» に加えて、十字架が刻まれている。

発音の解説

軟音記号・硬音記号

硬子音	п	б	м	ф	в	т	д	н	с	з	ц		л	р	ш		ж		к	г	х
軟子音	п'	б'	м'	ф'	в'	т'	д'	н'	с'	з'		ч	л'	р'		щ		й	к'	г'	х'

　音価をもたない文字 ь と ъ について理解するのは難しいことです。ь は мя́гкий знак（軟音記号）、ъ は твёрдый знак（硬音記号）といいますが、硬音？軟音？音が硬いとか柔らかいとかどういうことなのだろうと、ますますわからなくなりそうです。日本語でも、子音、母音、清音、濁音などということばは聞いたことがあると思いますが、拗音、直音ということばを聞いたことがあるでしょうか。拗音というのは、「ぴゃ、ぴゅ、ぴょ、みゃ、みゅ、みょ」などの音で、これに対応する直音は「ぱ、ぷ、ぽ、ま、む、も」です。この「みゃ」というときの子音部分の音 [mʲ] というのがロシア語の音に関していうところの軟子音、「ま」の子音部分 [m] が硬子音です。ロシア語の мя の子音部分が軟子音 [mʲ] で ма の子音部分が硬子音 [m] であり、мя́гкий знак（軟音記号）を伴う мь は軟子音 [mʲ] と発音され、м あるいは твёрдый знак（硬音記号）を伴った мъ は硬子音 [m] と発音します。軟子音は、国際音声記号では [mʲ] と表記しますが、ロシア語学ではアポストロフィーをつけて м' と表記します。理解は難しいと思いますが、まずは、硬・軟の区別があることを覚えてください。

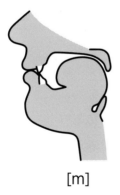

[m]

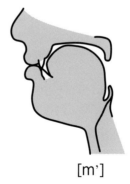

[m']

Это вку́сные пирожки́.

「マーシャとくま」ってロシア民話を知っているかな？マーシャは、籠の中でピロシキの下に隠れておじいちゃん、おばあちゃんのところへ帰ったんだ。「美味しいピロシキ」ってロシア語で言えるようになろう。

Цель урока

身の回りにあるものについて、「これは私の…です」「これは…な…です」とロシア語で表現できるようになりましょう。

🔊 23

(1) Что э́то?

(2) Это сок. Это вку́сный сок.
Это чай. Это вку́сный чай.

(3) Это вода́. Это вку́сная вода́.
Это во́дка. Это вку́сная во́дка.

(4) Это молоко́. Это вку́сное молоко́.
Это вино́. Это вку́сное вино́.

(5) Э́то пирожки́. Э́то вку́сные пирожки́.
Э́то пельме́ни. Э́то вку́сные пельме́ни.

(6) Э́то чай?

Да, э́то чай.

Нет, э́то не чай, а ко́фе.

(7) Э́то вода́?

Нет, э́то не вода́.

Вот, э́то вода́. Пожа́луйста.

(8) Э́то чай и́ли ко́фе?

Э́то чай.

Э́то са́хар и молоко́. Пожа́луйста.

単語リスト 🪆 ◀))24

что 何	молоко́ ミルク	а 一方
э́то これ	вино́ ワイン	и …と…
сок ジュース	пирожки́ ピロシキ	и́ли …か…
вку́сный 美味しい	пельме́ни ペリメニ	да はい
чай 茶	ко́фе コーヒー	нет いいえ
вода́ 水	вот ほら	не …ではない
во́дка ウォッカ	са́хар 砂糖	

Как достичь цели

形容詞や所有代名詞「私の」の変化を練習しましょう。

Грамматика

名詞は男性名詞、女性名詞、中性名詞の 3 つのグループに分かれます。子音で終わるの が男性名詞、а, я で終わる語は女性名詞、о, е で終わる語は中性名詞と覚えてください。 и で終わる пирожки, пельме́ни は複数形です。形容詞や所有代名詞の形は修飾す る名詞の性に応じて変わります。

вку́сный сок	мой сок
вку́сная вода́	моя́ вода́
вку́сное молоко́	моё молоко́
вку́сные пирожки́	мои́ пирожки́

◀)) 25 ········ イントネーション ··

平叙文のイントネーション　　　　　　　　　　　Э́то пирожки́.

疑問詞のある疑問文のイントネーション　　　　Что э́то?

疑問詞のない疑問文のイントネーション　　　　Э́то пирожки́?

「これはピロシキです」と言っているのか「これはピロシキですか。」と言っているのかはイ ントネーションだけで判断されます。イントネーションをしっかり意識して発音しましょう。

◀)) 26 〔**Упражнение 1**〕 教室にある物について言ってみましょう。

Что э́то?

　　Э́то каранда́ш.
　　Э́то уче́бник.

уче́бник	教科書	су́мка	鞄
кни́га	本	рюкза́к	リュックサック
каранда́ш	鉛筆	стол	机
ру́чка	ペン	стул	椅子
рези́нка	消しゴム	доска́	黒板
пена́л	筆箱	окно́	窓
планше́т	タブレット	очки́	眼鏡[*]
па́пка	ファイル	часы́	時計[*]

[*] очки́ と часы́ は複数形で、ひとつでも複数形で言います。

18

Упражнение 2 形容詞を正しい形で書きましょう。

но́вый (新しい)

1. Э́то .... уче́бник.
2. Э́то .... су́мка.
3. Э́то .... рези́нка.
4. Э́то .... очки́.

ста́рый (古い)

1. Э́то .... ру́чка.
2. Э́то .... окно́.
3. Э́то .... пена́л.
4. Э́то .... часы́.

вку́сный

1. Э́то .... яйцо́.
2. Э́то .... хлеб.
3. Э́то .... борщ (ボルシチ).
4. Э́то .... пи́во (ビール).

Упражнение 3 мой, моя́, моё, мои́ を入れて言ってみましょう。

1. Э́то .... каранда́ш.
2. Э́то .... рюкза́к.
3. Э́то .... па́пка.
4. Э́то .... пена́л.
5. Э́то .... очки́.
6. Э́то .... ру́чка.
7. Э́то .... рези́нка.
8. Э́то .... часы́.
9. Э́то .... кни́га.
10. Э́то .... планше́т.

Упражнение 4 以下の文をロシア語にしましょう。

1. これは私の筆箱です。

2. これは何ですか。

3. これは消しゴムです。

4. これは私のペンです。

5. これは新しい教科書です。

6. これはお茶ですか。

7. はい、これはお茶です。

8. これはジュースですか。

9. いいえ、これはジュースではありません、ワインです。

10. これは美味しいワインです。

🔊 27 **В заключение**

身の回りにあるものを紹介する動画を作りましょう。

Это моя́ матрёшка. Это мой но́вые очки́. Это мой ста́рые часы́.

Идём дальше!

文法性

ロシア語の名詞は、男性名詞、女性名詞、中性名詞に分けられます。どの文法性であるかは、語末の文字により判断できます。

	語末	例語
男性名詞	子音 , -й, -ь	сок, чай, слова́рь (辞書)
女性名詞	-а, -я, -ь	вода́, пе́сня (歌), тетра́дь (ノート)
中性名詞	-о, -е, -мя	молоко́, мо́ре (海), и́мя (名前)

◆ 所有代名詞、指示代名詞も後に続く名詞の性、数によって形を変えます。

	誰の？	私の	君の	私たちの	あなた(たち)の	彼の	彼女の	彼らの	この
男性	чей	мой	твой	наш	ваш	его́	её	их	э́тот
女性	чья	моя́	твоя́	на́ша	ва́ша				э́та
中性	чьё	моё	твоё	на́ше	ва́ше				э́то
複数	чьи	мои́	твои́	на́ши	ва́ши				э́ти

※ па́па, де́душка (おじいさん) などの男性を表す語は語末が а でも男性名詞です。

例 мой па́па, мой де́душка

Дополнительное упражнение

ロシア語に訳して書いてみましょう。

1. これは彼の本です。

2. これは彼の鞄です。

3. これは誰の教科書ですか。

4. これはあなたの教科書ですか。

5. これは彼女の教科書です。

6. これは私のペンで、こちらは私の鉛筆です。

7. これは彼女のペンで、こちらは彼女の鉛筆です。

Я люблю́ пирожки́!

> Здра́вствуйте! Меня́ зову́т Ба́ба-Яга́.
> Вы лю́бите пирожки́?
> Дава́йте гото́вить вку́сные пирожки́!

Цель урока

ロシア語でピロシキの作り方を学びましょう。自分の好きなピロシキや、食べてみたいロシア・ユーラシア料理について、簡単にロシア語で紹介できるようになりましょう。

🔊 29 　　　　バーバ・ヤガーの料理教室が始まります！

⫸ Ингредие́нты

Те́сто:

мука́	яйцо́	соль	са́хар	молоко́	дро́жжи

Начи́нка:

мя́со	лук	карто́шка	грибы́	капу́ста	соль	пе́рец

Диалог 1

Ба́ба-Яга́: Ты зна́ешь, как лепи́ть пирожки́?

Васили́са: Нет, я не зна́ю.

Ба́ба-Яга́: Вот те́сто. А э́то начи́нка. Дава́й лепи́ть вме́сте.

Диалог 2

Ба́ба-Яга́: Тепе́рь жа́рим пирожки́.

Васили́са: Хорошо́!

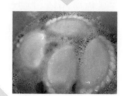

Ба́ба-Яга́: А вот и вку́сные пирожки́!

Диалог 3

Ба́ба-Яга́: Вку́сно?

Васили́са: Да, о́чень!

Ба́ба-Яга́: Ты лю́бишь пирожки́?

Васили́са: Да, я люблю́ пирожки́!

単語リスト 🔊 31

вы あなた	**диало́г** 対話	**тепе́рь** 今度は、さて
люби́ть 好む、好きだ	**ты** 君	**жа́рить** 揚げる
дава́й(те) …しましょう	**зна́ть** 知っている	**А вот и вку́сные пирожки́!**
гото́вить 料理する	**как** どのように	これで美味しいピロシキの出来上がり！
ингредие́нты 材料	**лепи́ть** （生地などから）作る	
те́сто 生地	**я** 私	**о́чень** とても
начи́нка 具	**вме́сте** 一緒に	**вку́сно** おいしい

Как достичь цели

Шаг▶1 「私、あなた…」の言い方を覚えましょう。

🔊 32 **Грамматика**

ロシア語の人称代名詞は以下の通りです。

	単数		複数	
一人称	я	私	мы	私たち
二人称	ты	君	вы	君たち あなた方 あなた*
三人称	он она́ оно́	彼、それ 彼女、それ それ	они́	彼ら、それら

＊ていねいな言い方として、相手が
1人でも вы を使います。

🔊 33 🫖 早口ことば

Ма́ма мы́ла Ми́лу мы́лом, Ми́ла мы́ло не люби́ла.
ママはミーラをせっけんで洗ったが、ミーラはせっけんが嫌いだった。

Шаг▶2 「…する」の言い方を覚えましょう。

🔊 34 **Грамматика**

動詞は、人称によって語尾が変わります。

例1 знать 「知っている」：е 変化（第 1 変化）

Ты зна́ешь, как лепи́ть пирожки́?
Нет, я не зна́ю.

я	зна́ю	мы	зна́ем
ты	зна́ешь	вы	зна́ете
он	зна́ет	они́	зна́ют

例2 жа́рить 「揚げる」：и 変化（第 2 変化）

Тепе́рь жа́рим пирожки́.

я	жа́рю	мы	жа́рим
ты	жа́ришь	вы	жа́рите
он	жа́рит	они́	жа́рят

例3 люби́ть 「…を好む、…を愛する」：и 変化（第 2 変化）の変形

Вы лю́бите пирожки́?
Я люблю́ пирожки́!

я	люблю́	мы	лю́бим
ты	лю́бишь	вы	лю́бите
он	лю́бит	они́	лю́бят

※ и 変化の変形パターンで、я 以外でアクセントが移動し、一人称単数で л が入ります。

24

| Упражнение 1 | 動詞を正しい形に人称変化させましょう。 |

1. знать

   Я не (   ).   Она́ (   ).
   Ты (   ).   Мы (   ).

2. жа́рить

   Я (   ) пирожки́.   Мы (   ) пирожки́.
   Он (   ) пирожки́.   Они́ (   ) пирожки́.

3. люби́ть

   Я (   ) пирожки́.   Мы (   ) пирожки́.
   Она́ (   ) пирожки́?   Они́ (   ) пирожки́.

4. рабо́тать (働く) (е 変化) ※ в : …で

   Они́ (   ) в Кио́то.   Она́ (   ) в То́кио.
   Вы (   )?   Я (   ) в Ко́бэ.

5. говори́ть (話す) (и 変化) ※ по-ру́сски : ロシア語で

   Я (   ) по-ру́сски.   Ты (   ) по-ру́сски?
   Он (   ) по-ру́сски?   Они́ (   ) по-ру́сски.

👑 みなさんは、ピロシキを何個食べたいですか。ロシア語で1〜10の数字を言えるように 🔊 35
なりましょう。

| 1 оди́н | 2 два | 3 три | 4 четы́ре | 5 пять |
| 6 шесть | 7 семь | 8 во́семь | 9 де́вять | 10 де́сять |

Ско́лько (いくつ)?

Де́сять, пожа́луйста!

Э́то о́чень мно́го (たくさん)!

Упражнение 2 以下の文をロシア語にしましょう。

1. 私はピロシキが好きです。

2. 彼女はピロシキがとても好きです。

ロシアの食材

3. 彼らはペリメニとボルシチが好きです。

4. あなたはお茶が好きですか。—— はい、好きです。

5. 彼女はとても上手にロシア語を話します。

манты

6. 彼らはとても上手に日本語を話します。

7. あなたはマンティの作り方を知っていますか。

8. 私はピロシキが好きではありません。

色々なピロシキ

　ロシアでもシベリアや極東方面に行くと揚げたピロシキが食べられます。でもロシアの定番は、オーブンで焼いた、こんがりぱりっとパン生地ピロシキです。詰め物は実に多彩。挽肉、魚からキャベツ、ジャガイモ、蕎麦の実、ネギやホウレンソウ、キノコ、そしてお米！意外かもしれませんが、お米は、具の水分とうま味を吸収してくれて、「お米の入っていないピロシキなんて！」と言われることもあるほどです。

　もちろんリンゴのソースやジャムなど、甘いピロシキもあります。皮もパン生地のほか、クッキー生地、パイ生地、クレープ生地などいろいろあります。

　ピロシキは複数形で、一個のピロシキはピラジョーク（小さいピローク）といいます。ピロークは大型パイです。「大宴会 (пир)」を語源とします。

пиро́г

В заключение 🔊 36

❶ どんなピロシキが好きか、ロシア語で書いてみましょう。まわりの人にも好みについて聞いてみましょう。

例 - Я люблю́ пирожки́ с мя́сом. Каки́е пирожки́ ты лю́бишь?
　 - Я люблю́ пирожки́ с сы́ром.

Я люблю́ (　　　　　　　　　　　　　　).

クラスメートの名前	好きなピロシキ

◆ いろいろなピロシキ 🔊 37

пирожки́ с мя́сом (肉)　　　пирожки́ с карто́шкой (じゃがいも)
пирожки́ с ри́сом (米)　　　пирожки́ с капу́стой (キャベツ)
пирожки́ с сы́ром (チーズ)　　пирожки́ с гриба́ми (きのこ)

❷ 食べてみたいロシア・ユーラシア料理の作り方を調べ、料理名と必要な材料をロシア語で書き出してみましょう。次に、料理の写真を見せながら、料理名と必要な食材をロシア語で紹介してみましょう。難しい部分は、日本語で補足しましょう。

料理例：пирожки́, борщ, блины́, пельме́ни

料理名：
必要な食材：
補足情報（日本語）：

例 Э́то борщ.
　 Вы зна́ете, как гото́вить борщ?
　 Вот ингредие́нты. Свёкла (ビーツ) , карто́шка, ...

«Я вас люби́л»

🔊 38

Здра́вствуйте! Я поэ́т Пу́шкин.
Э́то А́нна. Я люби́л её, но...
Дава́йте чи́тать мои стихи́!

Цель урока

ロシアの国民的詩人プーシキンの作品を暗唱できるようになりましょう。また、人物についてロシア語で簡単に紹介できるようになりましょう。

🔊 39

Я вас люби́л: любо́вь ещё, быть мо́жет,
私はあなたを愛していました、愛はまだ恐らく

В душе́ мое́й уга́сла не совсе́м;
私の心の中で完全には消え去っていないでしょう

Но пусть она́ вас бо́льше не трево́жит;
でもこれ以上、この愛があなたの心を騒がせませんように

Я не хочу́ печа́лить вас ниче́м.
私は決してあなたを悲しませたくないのです

Я вас люби́л безмо́лвно, безнаде́жно,
私はあなたを愛していました、ひそかに、望み無く

То ро́бостью, то ре́вностью томи́м;
ある時は臆病に、またある時は嫉妬に悩まされながら

Я вас люби́л так и́скренно, так не́жно,
私はあなたを愛していました、こんなにも心から、こんなにもやさしく

Как дай вам бог люби́мой быть други́м.
どうかあなたが他の人に愛されますようにと願うほどに

А. Пушкинъ

単語リスト 🎧 🔊 40

вас あなたを	тревóжит 心配させる	и́скренно 心から
люби́л 愛していた	хочу́ …したい	нéжно やさしく
любóвь 愛 (女性名詞)	печáлить 悲しませる	как …ほどに
ещё まだ	ничéм 何によっても	дай 与えよ
быть мóжет 恐らく	безмóлвно ひそかに	вам あなたに
в душé моéй 私の心の中で	безнадéжно 望み無く	бог 神 (※ г は х と発音)
угáсла 消えた	то... то... ある時は…ある時は…	люби́мой 愛すべき
не совсéм 完全には…ない	рóбостью 臆病に	быть …になる
но でも	рéвностью 嫉妬に	други́м 他の人に
пусть …であってほしい	томи́м 悩まされながら	
бóльше これ以上	так こんなにも	

🔊 41

Алексáндр Сергéевич
Пу́шкин

Диалог 1

Мао: Кто э́то?
Оки: Э́то Пу́шкин. Он поэ́т.
Мао: Э́то егó стихи́?
Оки: Да. Я óчень люблю́ егó стихи́.
Мао: А я егó не знáла...

Диалог 2

*大樹が詩を暗唱します。

Мао: Молодéц! Как краси́во!
　　　Интерéсно, когó он люби́л?
Оки: Хм, я не знáю...

А́нна Алексéевна
Олéнина

単語リスト 🎧 🔊 42

поэ́т 詩人	Молодéц! すごい!
её 彼女を	как なんて
но でも	краси́во 美しい
кто 誰	интерéсно 面白い、(疑問文の前で) …だろうか
стихи́ 詩	когó 誰を (※ г は в と発音)
егó 1) 彼の、2) 彼を (※ г は в と発音)	хм うーん

29

Как достичь цели

Шаг ▶ 1 「…した」という表現を学びましょう。

Грамматика

動詞の過去形

不定形から -ть を取り、性と数に応じて -л, -ла, -ло, -ли のいずれかを加えます。

люби́ть の場合

Я (男性), ты (男性), он	люби́**л**
Я (女性), ты (女性), она	люби́**ла**
оно́	люби́**ло**
вы, мы, они́	люби́**ли**

Упражнение 1 様々な動詞を覚えましょう。

чита́ть	**слу́шать**	**рабо́тать**	**звони́ть**	**кури́ть**
読む	聴く	働く	電話する	タバコを吸う

Упражнение 2 (　　) 内の動詞を過去形にしましょう。

1. Она́ (чита́ть: 　　　　　　　　　) стихи́.
2. Вы (чита́ть: 　　　　　　　　　) уче́бник?
3. Он (слу́шать: 　　　　　　　　　) му́зыку (音楽を).
4. Мы (слу́шать: 　　　　　　　　　) ра́дио (ラジオを).
5. Я мно́го (рабо́тать: 　　　　　　　　　).
6. Они́ не (рабо́тать: 　　　　　　　　　).
7. Она́ (звони́ть: 　　　　　　　　　).
8. Ты (звони́ть: 　　　　　　　　　)?
9. Он (кури́ть: 　　　　　　　　　).
10. Они́ не (кури́ть: 　　　　　　　　　).

Шаг▶2　「…を」という文を作れるようになりましょう。

Грамматика

直接目的語を表すために、人称代名詞の形が変化します。

Я <u>вас</u> люби́л.　Я <u>его́</u> не зна́ла.　<u>Кого́</u> он люби́л?

「…が」	「…を」
вы (あなたが)	вас (あなたを)
он (彼が)	его́ (彼を)
Кто? (誰が？)	Кого́? (誰を？)
я (私が)	меня́ (私を)
ты (君が)	тебя́ (君を)
она́ (彼女が)	её (彼女を)
мы (私たちが)	нас (私たちを)
они́ (彼らが)	их (彼らを)

※ г は в と発音されます。

※ г は в と発音されます。

Упражнение 3　(　　) 内の語を正しい形に変えましょう。

1.　(Кто:　　　　　　　　　) она́ люби́ла?

2.　Я (ты:　　　　　　　　) люблю́.

3.　Я (он:　　　　　　　　) зна́ю.

4.　Он (я:　　　　　　　　) лю́бит.

5.　Вы лю́бите (я:　　　　　　　　)?

6.　Она́ (вы:　　　　　　　) лю́бит.

7.　Мы (они́:　　　　　　　) лю́бим.

8.　Ма́ма (мы:　　　　　　　　) лю́бит.

Упражнение 4　以下の文をロシア語にしましょう。

1.　私は君を愛していました。

2.　私たちはたくさん働きました。

3.　私は彼女の詩を読んだことがあります（読みました）。

4.　私は彼を知っています。

5.　彼女は私を知っていますか。

6.　あなたは知っていますか、私が誰を愛していたか。

ロシアの有名人について、絵を見せながら紹介してみましょう。

	名前	職業	何をしたか ※破線部：動詞の不定形
	Пу́шкин 1799-1837	поэ́т	писа́ть стихи́ 過去形：писа́л стихи́
	例 Э́то Пу́шкин. Он поэ́т. Он писа́л стихи́. Вы его́ зна́ете?		
	Менделе́ев 1834-1907	хи́мик	соста́вить периоди́ческую табли́цу
	Гага́рин 1934-1968	космона́вт	соверши́ть пе́рвый полёт в ко́смос
	Екатери́на II (втора́я) 1729-1796	императри́ца	встре́тить Кодаю （大黒屋光太夫）

	Афана́сьев 1826-1871	учёный	собира́ть ска́зки
（自分の好きな人） ※写真を貼るか、似顔絵を描いてみよう			

単語リスト 🔊 44

писа́ть 書く	соверши́ть 実現する	встре́тить 会う、迎える
хи́мик 化学者	пе́рвый 初めての	учёный 学者
соста́вить 作る	полёт 飛行	собира́ть 集める
периоди́ческую табли́цу 周期表を	в ко́смос 宇宙へ	
космона́вт 宇宙飛行士	императри́ца 女帝	

ロシア語の日 День ру́сского языка́

　６月６日は国連ロシア語の日です。2010 年に６つの公用語の日がそれぞれ定められました。フランス語は３月 20 日、英語は４月 23 日、スペイン語は 10 月 12 日、中国語は 11 月 13 日、そしてアラビア語が 12 月 18 日です。ロシア語の日の６月６日はロシアの国民的詩人プーシキン生誕の日です。プーシキンは 1799 年の６月６日に生まれ、1837 年２月 10 日、決闘で受けた傷が元で 37 年の生涯を閉じました。

プーシキンの墓

Сказки и анекдóты

民話やアネクドートを上手に読めるように練習して、読み聞かせや紙芝居をしてみましょう。

🔊 45 • Сказка 📖 • Рéпка

お話に出てくるのは：дéдка, бáбка, внýчка, собáка, кóшка, мышка, рéпка

(1) Посадил дед рéпку. Выросла рéпка большáя-пребольшáя. Стал дед рéпку из земли тянýть. Тянет-потянет, вытянуть не мóжет.

(2) Позвáл дед бáбку. Бáбка за дéдку, дéдка за рéпку. Тянут-потянут, вытянуть не мóгут.

(3) Позвалá бáбка внýчку. Внýчка за бáбку, бáбка за дéдку, дéдка за рéпку. Тянут-потянут, вытянуть не мóгут.

(4) Позвалá внýчка собáку Жýчку. Жýчка за внýчку, внýчка за бáбку, бáбка за дéдку, дéдка за рéпку. Тянут-потянут, вытянуть не мóгут.

(5) Позвалá собáка Жýчка кóшку Мýрку. Кóшка за Жýчку, Жýчка за внýчку, внýчка за бáбку, бáбка за дéдку, дéдка за рéпку. Тянут-потянут, вытянуть не мóгут.

(6) Позвалá кóшка мышку. Мышка за кóшку, кóшка за Жýчку, Жýчка за внýчку, внýчка за бáбку, бáбка за дéдку, дéдка за рéпку. Тянут-потянут, вытянули рéпку!

Как достичь цели

Шаг ▶ 1 お話の中で、**де́дка** や **ба́бка** が、**де́дку** や **ба́бку** と形を変えています。このように形を変えることを「格変化」といいます。リズムよくお話を読むことにより、語が形を変えることに慣れていきましょう。

Грамматика

日本語に訳すと、**де́дка** は「おじいさんが」、**де́дку** だと「おじいさんを」という意味になります。Позвала́ ба́бка вну́чку. Вну́чка... は、「おばあさんが孫娘を呼びました。孫娘が…」となります。

名詞の格変化

		男性名詞	中性名詞	女性名詞	便宜的な意味	
主格		子音	о	а	が	
生格		а	а	ы	の	of
与格		у	у	е	に・を	to
対格		子音 / а*	о	у	を・に	
造格		ом	ом	ой	で	by, with
前置格		е	е	е	で・に	in, at

＊ 男性名詞対格形は活動体（人・動物）は生格と同じ形、不活動体（事物）は主格と同じ形です。

※ де́дка, па́па などの語末が а の男性名詞は、語末が а の女性名詞と同じ変化です。

また、前置詞はそれぞれ続く名詞がどの格でないといけないかが決まっていて、前置詞と格のセットで意味が決まります。

前置詞と格の例

из ＋ 生格	…から		из Москвы́
к ＋ 与格	…の方向へ、…のところへ		к Москве́
за ＋ 対格	…の向こうへ、…に向かって、…のために Ре́пка の中では「つかむ対象」を表しています。		за ре́пку
в/на ＋ 対格	…へ（行く場所）		в Москву́
в/на ＋ 前置格	…で（居る場所）		в Москве́
с ＋ 造格	…と一緒に		с капу́стой
о ＋ 前置格	…について		о Москве́

単語リスト ◀)) 46

посади́ть 植える	стать 始める	вы́тянуть ひっぱり出す
вы́расти 育つ	земля́ 地面	позва́ть 呼ぶ
большо́й 大きい	тяну́ть ひっぱる	мо́жет/мо́гут できる

35

Упражнение 1 [＿＿＿] を補いながら声に出して読んでみましょう。

Посади́л дед ре́пку. Вы́росла ре́пка больша́я-пребольша́я. Стал дед ре́пку из земли́ тяну́ть. Тя́нет-потя́нет, вы́тянуть не мо́жет.

Позва́л дед ба́бку. Ба́бка за [＿＿＿], де́дка за ре́пку. Тя́нут-потя́нут, вы́тянуть не мо́гут.

Позвала́ ба́бка вну́чку. Вну́чка за [＿＿＿], ба́бка за [＿＿＿], де́дка за [＿＿＿]. Тя́нут-потя́нут, вы́тянуть не мо́гут.

Позвала́ вну́чка соба́ку Жу́чку. Жу́чка за [＿＿＿], вну́чка за [＿＿＿], ба́бка за [＿＿＿], де́дка за [＿＿＿]. Тя́нут-потя́нут, вы́тянуть не мо́гут.

Позвала́ соба́ка Жу́чка ко́шку Му́рку. Ко́шка за [＿＿＿], Жу́чка за [＿＿＿], вну́чка за [＿＿＿], ба́бка за [＿＿＿], де́дка за [＿＿＿]. Тя́нут-потя́нут, вы́тянуть не мо́гут.

Позвала́ ко́шка мы́шку. Мы́шка за [＿＿＿], ко́шка за [＿＿＿], Жу́чка за [＿＿＿], вну́чка за [＿＿＿], ба́бка за [＿＿＿], де́дка за [＿＿＿]. Тя́нут-потя́нут, вы́тянули ре́пку!

Упражнение 2 35 ページの格変化表を参考に（＿＿＿）の語を変化させ文を完成させましょう。

1. これはイワンの本です。　Э́то кни́га (Ива́н).
2. イワンは本を読んでいます。　Ива́н чита́ет (кни́га).
3. イワンはモスクワで働いています。　Ива́н рабо́тает в (Москва́).
4. イワンはお母さんに電話しています。　Ива́н звони́т (ма́ма).
5. イワンはペンで手紙を書きました。　Ива́н писа́л письмо́ (ру́чка).

👑 格変化語尾を覚えよう

ロシア語の格変化を覚えるのはなかなか難しいことです。ひとつの方法として歌って覚えるのはどうでしょうか。

せい か く"の"　　а　　ы　　よ か く"に"　　у　　e

たい か く"を"　　かえ ない けど　　ひと は а で　　じょせいは у

ぞう か く は　　どうぐで ом ой　　ぜん ち かく は　　ばしょで e

• Анекдот 📖 • 🔊 47

ジョークを交えた小話のことをアネクドートと言います。社会や政治を風刺したものも多く、ロシアの文化を語る上で欠かせないもののひとつです。

В полице́йском уча́стке:

- Где ты живёшь?
- Там же, где и роди́тели.
- А где живу́т твои́ роди́тели?
- Там же, где и я.
- Где вы все живёте?
- Там же, где и ра́ньше.
- Где нахо́дится ваш дом?
- Напро́тив до́ма ба́бушки.
- Где нахо́дится дом ба́бушки?
- Вы не пове́рите, е́сли я скажу́.
- Говори́!
- Напро́тив моего́ до́ма.

警察署にて：

「お前はどこに住んでいるんだ？」
「両親と同じところです。」
「お前の両親はどこに住んでいる？」
「私と同じところです。」
「お前たちは皆どこに住んでいる？」
「以前と同じところです。」
「お前たちの家はどこにある？」
「祖母の家の向かいです。」
「祖母の家はどこにある？」
「話したら、あなたは信じてくれないと思いますよ。」
「言いなさい！」
「私の家の向かいです。」

単語リスト 🪆 🔊 48

анекдо́т アネクドート
полице́йский уча́сток 警察署
жить 住む
там же, где и ... …と同じところ
твой おまえの
роди́тели 両親
все みんな
ра́ньше 以前
нахо́дится （それが）在る

ваш あなたたちの
дом 家
ба́бушка 祖母
напро́тив +生格 …の向かい
пове́рить 信じる
е́сли もし
сказа́ть 言う、話す
моего́ до́ма
　　мой до́м の生格

	ЖИТЬ （住む）
я	живу́
ты	живёшь
он	живёт
мы	живём
вы	живёте
они́	живу́т

※ говори́ は говори́ть の命令形です。命令形の作り方は 11 課で学びます。

Шаг ▶ 2　所有や場所の表現を練習しましょう。

Грамматика

所有、所属を表現したい時には生格で言います。дом ба́бушки の ба́бушки は ба́бушка の生格で「おばあさんの家」という意味になります。「…の」は、必ず説明する語の後ろに置きます。

場所を表現したい時には、前置格で言います。例えば「モスクワ Москва́ で」と言いたい時には、в Москве́ となります。

※ г, к, х, ж, ш, щ, ч の後には、ы を書かず и を書くという規則があるため、ба́бушка の生格は ба́бушки となっています。詳しくは 7 課で学びます。

Упражнение 3 ⟩ 例のように「これは○の△です」という文を作りましょう。

例　дом, Ива́н → Э́то дом Ива́на.

1. каранда́ш, сын (息子)
2. кни́га, сестра́ (姉妹)
3. тетра́дь, друг
4. су́мка, ма́ма
5. часы́, па́па
6. слова́рь, брат (兄弟)

Упражнение 4 ⟩ 例のように「○が△に住んでいる」という文を作りましょう。

例　ба́бушка, Москва́ → Ба́бушка живёт в Москве́.

1. Са́ша, Москва́
2. Моя́ сестра́, Пари́ж
3. Я, Санкт-Петербу́рг
4. Мы, Пари́ж
5. Мои́ роди́тели, То́кио

※ 外来語中性名詞は変化しないので、о で終わる地名は変化しません。

Упражнение 5 ☐ の語を他の語に変えて、寸劇をしてみましょう。

参考 сестра́, брат, друг (友だち), подру́га (友だち〔女性〕)

- Где ты живёшь?
- Там же, где и роди́тели.
- А где живу́т твои́ роди́тели?
- Там же, где и я.
- Где вы все живёте?
- Там же, где и ра́ньше.
- Где нахо́дится ваш дом?
- Напро́тив до́ма бабушки.
- Где нахо́дится дом бабушки?
- Вы не пове́рите, е́сли я скажу́.
- Говори́!
- Напро́тив моего́ до́ма.

 早口ことば 🔊 49

1. Шла́ Са́ша по шоссе́ и соса́ла су́шку.
   サーシャが街道を歩きスーシュカをしゃぶった

2. Карл у Кла́ры укра́л кора́ллы,
   カールがクララからサンゴを盗んだ

   а Кла́ра у Ка́рла укра́ла кларне́т.
   クララはカールからクラリネットを盗んだ

 **В заключение** 🗒

ここに紹介した作品、あるいは自分の好きな作品で、読み聞かせや紙芝居をしてみましょう。

Ру́сские пе́сни

🔊 50

> Приве́т! Меня́ зову́т Руса́лка.
> Я о́чень люблю́ му́зыку.
> Я ча́сто слу́шаю и пою́ ру́сские пе́сни.
> Э́то моя́ люби́мая пе́сня «Кали́нка».
> Она́ о́чень изве́стная.
> Послу́шайте, пожа́луйста!

Цель урока

ロシア語の歌を練習し、歌えるようになりましょう。歌を含めて、自分の好きなことについて、ロシア語で簡単に説明できるようになりましょう。

Кали́нка (カリンカ)

*Кали́нка, кали́нка, кали́нка моя́!	カリンカ、カリンカ、私のカリンカ！
В саду́ я́года мали́нка, мали́нка моя́!	庭にはベリー、ラズベリー、私のラズベリー！
Ах! Под сосно́ю, под зелено́ю,	ああ！緑の松の木陰で、
Спать положи́те вы меня́!	私を寝かせて下さい！
Ай-лю́ли, лю́ли, ай-лю́ли, лю́ли,	アーイ リューリ リューリ、（×2）
Спать положи́те вы меня́!	私を寝かせて下さい！
* 繰り返し	
Ах! Сосёнушка ты зелена́я,	ああ！緑の松よ、
Не шуми́ же надо мной!	私の上で音を立てないでおくれ！
Ай-лю́ли, лю́ли, ай-лю́ли, лю́ли,	アーイ リューリ リューリ、（×2）
Не шуми́ же надо мной!	私の上で音を立てないでおくれ！
* 繰り返し	
Ах! Краса́вица, душа́-деви́ца,	ああ！美しい人、気立ての良い娘さん、
Полюби́ же ты меня́!	私を愛しておくれ！
Ай-лю́ли, лю́ли, ай-лю́ли, лю́ли,	アーイ リューリ リューリ、（×2）
Полюби́ же ты меня́!	私を愛しておくれ！
* 繰り返し	

Руса́лка: Э́то то́же моя́ люби́мая пе́сня «Неде́лька».
Она́ о́чень весёлая.

Неде́лька (一週間の歌)

В воскресе́нье я на я́рмарку ходи́ла,
日曜日に私は定期市へ出かけて

Веретён да куде́льку купи́ла...
紡錘と麻糸くずを買ったの

*Тюря, тюря, тюря, тюря, тюря, тюря-ря,
 Тюря, тюря, тюря, тюря, тюря-ря.

В понеде́льник я ба́нюшку топи́ла,
月曜日にはお風呂を焚いて

А во вто́рник я в ба́нюшку ходи́ла.
火曜日にはお風呂に行ってきたの

* 繰り返し

Тебя́, ми́ленький мой, в сре́ду встреча́ла,
私のいとしいあなたを水曜日に出迎えて

А в четве́рг я тебя́ провожа́ла.
木曜日には見送ったの

* 繰り返し

Эх, да в пя́тницу не пря́дут ※1, не мота́ют,
ああ、金曜日には誰も糸を紡いだり巻き取ったりしないし、土曜日

Во ※2 суббо́ту всех поме́рших помина́ют.
には亡き人みんなを追悼するの

* 繰り返し

※1 通常のアクセントは пряду́т
※2 通常は в

単語リスト   51

Приве́т! こんにちは！（くだけた言い方）	пою́ (私は) 歌う	изве́стный 有名な（※ т は発音しない）
му́зыка 音楽	пе́сня 歌	Послу́шайте! 聴いて下さい！
ру́сский ロシアの	ча́сто よく、頻繁に	то́же …も
	люби́мый 好きな	весёлый 楽しい

Шаг▶1　複数形の言い方を覚えましょう。

Грамматика

名詞の複数形

例　пе́сня (単数) ― пе́сни (複数)

名詞の複数形の基本パターンは以下の通りです。その他の場合については、必要に応じて
文法表を確認しましょう。

	単数	複数	例
男性名詞	子音	-ы*	журна́л (雑誌) → журна́лы
	-й/-ь	-и	музе́й → музе́и
女性名詞	-а	-ы*	газе́та (新聞) → газе́ты
	-я/-ь	-и	пе́сня → пе́сни
中性名詞	-о	-а	письмо́ (手紙) → пи́сьма
	-е	-я	мо́ре (海) → моря́

※アクセントは移動すること
が多い。

* 正書法の規則: ロシア語には、г, к, х, ж, ш, щ, ч の後には、ы, ю, я を書かず и, у, а を書
く という規則があります。
複数形を作る際に、正書法の規則が適用され、ыの代わりに иを書く場合があります。

例　уче́бник → уче́ники, кни́га → кни́ги

Упражнение 1　複数形にしましょう。

1. фи́льм (映画)

2. кни́га

3. матрёшка

4. ска́зка

5. ко́микс (漫画)

6. арти́ст (アーティスト)

7. писа́тель (作家)

8. блю́до (料理)

Шаг▶2　人・物の特徴を表現できるようになりましょう。

Грамматика

形容詞は、後に続く名詞の性と数によって語尾が変化します。（※名詞の性の区別については、第3課参照）

1) 基本パターン

男性・単数	краси́**вый**	го́род	美しい街
女性・単数	краси́**вая**	пе́сня	美しい歌
中性・単数	краси́**вое**	кольцо́	美しい指輪
複数	краси́**вые**	пе́сни	美しい歌（複数）

2) 語尾にアクセントがある場合は、男性形の語尾が **-ой** になります。

男性・単数	молодо́**й**	студе́нт	若い学生
女性・単数	молода́**я**	студе́нтка	若い学生（女性）
中性・単数	молодо́**е**	вино́	若いワイン
複数	молоды́**е**	студе́нты	若い学生たち

3) 正書法の規則により、語尾が **-ий** になる場合があります。

男性・単数	ру́сск**ий**	го́род	ロシアの街
女性・単数	ру́сск**ая**	пе́сня	ロシアの歌
中性・単数	ру́сск**ое**	пи́во	ロシアのビール
複数	ру́сск**ие**	пе́сни	ロシアの歌（複数）

単語リスト ◀》52

го́род 街　　　　　　　молодо́й 若い　　　　　студе́нтка 学生（女性）
кольцо́ 指輪　　　　　студе́нт 学生　　　　　пи́во ビール

🫖 早口ことば ◀》53

1. На дворе́ трава́, на траве́ дрова́,
   庭には草があり、草の上には薪があり、

   не руби́ дрова́, на траве́ двора́.
   薪を割るな、庭の草の上で。

2. Бе́лые бара́ны би́ли в бараба́ны.
   白い羊が太鼓を叩いた。

Упражнение 2 名詞の性と数に合わせて、必要に応じて語尾を変化させましょう。

1. (вку́сный:) пирожки́
2. (холо́дный:) суп
3. (ру́сский:) блю́до
4. (япо́нский:) чай
5. (зелёный:) чай
6. (вку́сный:) вода́
7. (бе́лый:) вино́
8. (кра́сный:) вино́
9. (кре́пкий:) во́дка
10. (чёрный:) пи́во

окро́шка

単語リスト 🔊 54

холо́дный 冷たい	япо́нский 日本の	кра́сный 赤い
суп スープ	зелёный 緑の	кре́пкий 濃い、強い
блю́до 料理	бе́лый 白い	чёрный 黒い

名曲は国境を越える

　皆さんは「百万本のバラ」という曲を知っていますか。日本では、歌手・加藤登紀子さんの持ち歌として有名ですが、ソ連の国民的歌手アーラ・プガチョワ (А́лла Пугачёва) が1982年にリリースした大ヒット曲 «Миллио́н а́лых роз» をカバーしたものです。実は、プガチョワの曲も「カバー曲」で、1981年に発表されたラトヴィアの運命をテーマとするラトヴィア語の歌謡曲 "Dāvāja Māriņa"（マーラは与えた）の旋律を借用し、ある画家の悲恋を題材とする歌詞に書き換えたものです。

　他方で、日本の歌がロシア語のヒットソングとなった例としては、女性デュオ「ザ・ピーナッツ」が1963年にリリースした「恋のバカンス」が挙げられます。日本駐在中にこの曲を気に入ったソ連大使館の職員が、歌詞をロシア語に翻訳したものです。ロシアでは «Кани́кулы любви́» の名で、今日まで世代を問わず幅広く親しまれています。ロシア社会で長期間受け入れられてきたせいか、元は日本の曲だと知らない人が多いようです。

В заключение 🔊 55

自分の好きなこと・もの、人について、その特徴を説明しながら、ロシア語で紹介してみましょう。

例

Это ру́сские сувени́ры.
Матрёшка,
гжель и хохлома́.
Они́ краси́вые.

Это мой люби́мый писа́тель.
Его́ кни́ги о́чень интере́сные.

Это мой люби́мый арти́ст.
Я люблю́ его́, потому́ что он
симпати́чный и тала́нтливый.

 単語リスト 🔊 56

сувени́р 土産	хохлома́ ホフロマ塗り
гжель グジェリ陶器	потому́ что なぜなら

🫖 **性格や特徴を表す形容詞** 🔊 57

краси́вый 美しい	у́мный 賢い	тала́нтливый 才能のある
большо́й 大きい	интере́сный 面白い	симпати́чный 魅力的な
ма́ленький 小さい	до́брый やさしい	си́льный 強い
молодо́й 若い	хоро́ший よい	дорого́й （値段が）高い
ста́рый 年取った、古い	ми́лый かわいい	
но́вый 新しい	весёлый 楽しい	

Мы были в России!

Цель урока

過去の出来事について、ロシア語で簡単に話せるようになりましょう。ロシアに行ったことのある
人たちのお手本を見ながら、口頭発表に使う表現を学びましょう。

🔊 58

(1) Здра́вствуйте! Меня́ зову́т Кота.
Весно́й я был в Хаба́ровске.
Он нахо́дится на восто́ке Росси́и.
Я изуча́л ру́сский язы́к в
университе́те.

(2) Э́то столо́вая университе́та.
Я ел борщ, пельме́ни и
пирожки́ с мя́сом.
Бы́ло о́чень вку́сно!

(3) До́брый день! Меня́ зову́т Оки.
Ле́том я был в А́страхани.
Она́ нахо́дится на ю́ге Росси́и.
Э́то Астраха́нский кремль
– си́мвол го́рода.

(4) Я был там с дру́гом.
Он ру́сский. Его́ зову́т Оле́г.
Мы познако́мились в Япо́нии.
Мы учи́лись вме́сте в университе́те.

(5) Привéт! Меня́ зову́т Мао.
Зимо́й я была́ в Яку́тии.
Она́ нахо́дится на се́вере
Росси́и.
Э́то ры́нок. Я купи́ла там
ры́бу.

(6) Э́то село́ Оймяко́н.
Я была́ там с подру́гой.
Бы́ло о́чень хо́лодно, но краси́во!

(7) Вот и всё. Спаси́бо за внима́ние!

単語リスト 🔊 ◀)) 59

весно́й 春に	ле́том 夏に	ры́нок 市場
быть いる、ある	юг 南	там そこで
находи́ться 在る	Астраха́нский アストラハンの	ры́ба 魚
восто́к 東	кремль 城塞	село́ 村
изуча́ть …を学ぶ	си́мвол シンボル	подру́га 友だち (女性)
ру́сский ロシアの、ロシア人	с …と	хо́лодно 寒い
язы́к 言語	познако́миться 知り合う	краси́во きれいだ
университе́т 大学	учи́ться 勉強する	Вот и всё. これでおしまい。
столо́вая 食堂	вме́сте 一緒に	Спаси́бо за внима́ние.
ел < есть 食べる (過去形)	зимо́й 冬に	ご清聴ありがとうございます。
До́брый день! こんにちは！	се́вер 北	

Как достичь цели

Шаг▶1　「○が…に行ってきた」という文を作れるようになりましょう。

Грамматика

① 「…に行ってきた（…にいた）」と言う時は、「いる・ある」を意味する動詞 **быть** を過去形にします。

　　例　Весно́й я <u>был</u> в Хаба́ровске.

быть の過去形

я（男性）, ты（男性）, он	бы**л**
я（女性）, ты（女性）, она́	была́
оно́	бы́**ло**
вы, мы, они́	бы́**ли**

※「おいしかった」や「きれいだった」など、「…だった」と言う時も、**быть** の過去形（中性形）を使います。

現在	過去
Вку́сно!（おいしい！）	Бы́ло вку́сно!（おいしかった！）
Краси́во!（きれいだ！）	Бы́ло краси́во!（きれいだった！）
Ве́село!（楽しい！）	Бы́ло ве́село!（楽しかった！）

② 「…に（行ってきた、いた、住んだ）」、「…で（勉強した）」は、前置詞 в ＋前置格で表します。

　　例　Весно́й я был <u>в Хаба́ровске</u>.（主格：Хаба́ровск）

　　　　Я изуча́л ру́сский язы́к <u>в университе́те</u>.（主格：университе́т）

名詞の前置格

	主格	前置格	意味
男性名詞	теа́тр	теа́тр**е**	劇場
	Кита́й	Кита́**е**	中国
	слова́р**ь**	слова́р**е́**	辞書
中性名詞	о́зер**о**	о́зер**е**	湖
	мо́р**е**	мо́р**е**	海
女性名詞	шко́л**а**	шко́л**е**	学校
	земл**я́**	земл**е́**	土地
	А́страхан**ь**	А́страхан**и**	アストラハン
	Росси́**я**	Росси́**и**	ロシア

※ 一部の場所や地名については、前置詞の в ではなく на を使います。

　　例　**на** восто́ке（東）, **на** Сахали́не（サハリン）, **на** Кавка́зе（カフカス／コーカサス）,

　　на конце́рте（コンサート）

Упражнение 1 〉 以下の文をロシア語にしましょう。

例 Я, Хаба́ровск → Я был(á) в Хаба́ровске.

1. Мари́я, Санкт-Петербу́рг
2. Ива́н, Москва́
3. вы, Аме́рика
4. мы, Росси́я
5. он, Сахали́н ※前置詞は на

Шаг▶2 「○が…と一緒に勉強した」「○が△で…と知り合った」という文を作れるように なりましょう。

Грамматика

① ся 動詞の過去形

例 Мы познако́мились в Япо́нии.

動詞は通常 -ть で終わりますが、その後に ся が付く場合があります。これを ся 動詞と 呼びます。テキストに出てきた ся 動詞の過去形は以下の通りです。

	учи́ться (勉強する)	познако́миться (知り合う)
Я (男性), ты (男性), он	учи́лся	познако́мился
Я (女性), ты (女性), она́	учи́лась	познако́милась
оно́	учи́лось	познако́милось
вы, мы, они́	учи́лись	познако́мились

② 「…と」は、前置詞 с +造格で表します。

例 Я был там с дру́гом. (主格：друг)

名詞の造格

	主格	造格	意味
男性名詞	друг	дру́гом	友だち (男性)
	Андре́й	Андре́ем	アンドレイ (人名)
	преподава́тель	преподава́телем	教師・講師
中性名詞	мя́со	мя́сом	肉
	мо́ре	мо́рем	海
女性名詞	подру́га	подру́гой	友だち (女性)
	тётя	тётей	おば
	любо́вь	любо́вью	愛

Упражнение 2 ▷ 以下の文をロシア語にしましょう。

1. 彼女はイルクーツク Иркýтск でイヴァン Ивáн と一緒に勉強しました。

2. 私達はニーナ Нúна とソウル Сеýл で知り合いました。

3. 彼はヴィクトル Вúктор とイギリス Áнглия で知り合いました。

4. あなたはセルゲイ Сергéй とどこで知り合ったのですか。

Шаг▶3 「これは…の△です。」という文を作れるようになりましょう。

Грамматика

「…の」を表す場合は、生格にして、修飾したい名詞の直後に置きます。

例 Это столóвая <u>университéта</u>. (主格：университéт)

名詞の生格

	主格	生格	意味
男性名詞	теáтр	теáтра	劇場
	Китáй	Китáя	中国
	преподавáтель	преподавáтеля	教師・講師
中性名詞	óзеро	óзера	湖
	мóре	мóря	海
女性名詞	шкóла	шкóлы	学校
	земля́	землú	土地
	тетрáдь	тетрáди	ノート

Упражнение 3 以下の文をロシア語にしましょう。

1. これはニーナの本です。

2. これはイワンの辞書です。

3. これはマリヤ Мари́я のノートです。

4. これはセルゲイのかばんです。

5. こちらが街 го́род の中心部 центр です。

6. こちらが図書館 библиоте́ка の建物 зда́ние です。

7. モスクワはロシアの首都 столи́ца です。

8. 東京は日本の首都です。

   ※「A（名詞）は B（名詞）です」を表す文では、「A — B」のように、間にダッシュを書きます。

В заключение

夏休み中や過去の出来事について、写真を見せながらロシア語で発表してみましょう。架空の話でも構いません。

Идём дальше!

テキストに出てきた「夏に ле́том」は、「夏 ле́то」の造格です。季節や一日の時間帯を表すときは、造格にします。

主格		造格		主格		造格	
春	весна́	春に	весно́й	朝	у́тро	朝に	у́тром
夏	ле́то	夏に	ле́том	昼	день	昼に	днём
秋	о́сень	秋に	о́сенью	夕方	ве́чер	夕方に	ве́чером
冬	зима́	冬に	зимо́й	深夜	ночь	深夜に	но́чью

Я бу́ду учи́ться за грани́цей!

大学在学中にやってみたいことや、将来の夢について、ロシア語で話せるようになりましょう。以下のSNSのやりとりを見てみましょう。大学生の大樹さんはロシア語圏へ留学することを夢見ています。

🔊 60

(1) **У меня́ есть мечта́!** 私には夢があります！

**Я хочу́ учи́ться за грани́цей
и изуча́ть ру́сский язы́к.** 留学して、ロシア語を学びたいです。

中央アジアのキルギスに留学中の先輩真央さんに、ロシア語で質問してみることにしました。

(2) **Здра́вствуйте, Мао-сан! Мо́жно зада́ть вам
вопро́сы?**
こんにちは、真央さん！質問してもいいですか。

В Кирги́зии говоря́т по-ру́сски?
キルギスではロシア語が話されていますか。

Прочи́тано 9:00

(3) **Здра́вствуйте, Оки-сан!**
こんにちは、大樹さん！

Да, здесь говоря́т и по-ру́сски, и по-кирги́зски.
はい、ここではロシア語も、キルギス語も話されています。

**Есть и други́е языки́. Кирги́зия – многоязы́чная
страна́.**
他の言語もあります。キルギスは多言語国家です。

Прочи́тано 9:12

(4) **Как интере́сно!** なんて面白いんでしょう！
Вам нра́вится Кирги́зия?
あなたはキルギスが気に入っていますか。

Прочи́тано 9:15

(5) Да, о́чень! Я рекоменду́ю вам учи́ться здесь.
はい、とっても！ここでの勉強をおすすめします。

Кста́ти, э́то моя́ кирги́зская подру́га Айну́ра.
ところで、こちらは私のキルギス人の友達のアイヌーラです。

Она́ бу́дет учи́ться в Япо́нии.
"Айну́ра" означа́ет "лу́нный свет".
彼女は日本で勉強する予定です。
「アイヌーラ」は「月の光」を意味します。

Прочи́тано 9:17

(6) Како́е краси́вое и́мя! Я хочу́ познако́миться с ней.
なんてきれいな名前でしょう！彼女と知り合いになりたいです。

Как по-кирги́зски "Спаси́бо"?
キルギス語で、「ありがとう」は何と言うんですか。

Прочи́тано 9:30

(7) "Спаси́бо" – "Рахма́т". 「ありがとう」は "Рахмат" といいます。

Прочи́тано 9:40

(8) Мао-сан, большо́е вам спаси́бо! Рахма́т!
真央さん、どうもありがとうございます！Рахмат！

Прочи́тано 9:45

 単語リスト 🔊)) 61

у＋生格 …には	вопро́с 質問	по-кирги́зски キルギス語で
есть ある	прочи́тано 既読	рекоменду́ю （私は）勧める
мечта́ 夢	и… и… …も…も	кста́ти ところで
хоте́ть …したい	многоязы́чный 多言語の	кирги́зский キルギスの
за грани́цей 外国で	страна́ 国	означа́ть 意味する
мо́жно …してもよい	интере́сно 面白い	лу́нный свет 月の光
зада́ть 与える	нра́виться 気に入っている	с ней 彼女と

53

Как достичь цели

Шаг▶1 「私には△があります（います）／ありません（いません）」という文を作れるようになりましょう。

Грамматика

所有の表現は、前置詞 y ＋○（生格）＋ есть ＋△で表します。（「○は△を持っている」、「○には△がある」など）

> 例 У меня́ есть мечта́. У меня́ есть вопро́сы.

人称代名詞の生格

主格	я	ты	он/оно́	она́	мы	вы	они́	что	кто
生格	меня́	тебя́	(н)его́*	(н)её*	нас	вас	(н)их*	чего́	кого́

＊ y などの前置詞と結び付く時は、н を挿入します。

※ 「△がない」と言う時は、есть（ある）を нет（ない）に置き換えた上で、無い物を生格にします（否定生格）。

> 例 У меня́ нет мечты́.　私には夢がありません。

Упражнение 1 以下の質問にロシア語で答えましょう。

> 例 － У вас есть мечта́?
> － Да, у меня́ есть мечта́. / Нет, у меня́ нет мечты́.

1. У вас есть уче́бник?

2. У вас есть смартфо́н?

3. У вас есть брат（兄弟）?

4. У вас есть сестра́（姉妹）?

Шаг▶2 「○は…したい」という文を作れるようになりましょう。

Грамматика

「…したい」：хотеть ＋動詞の不定形

> 例 Я хочу́ учи́ться за грани́цей.
> Я хочу́ познако́миться с ней.

хотеть の変化

я	хочу́	мы	хоти́м
ты	хо́чешь	вы	хоти́те
он	хо́чет	они́	хотя́т

※ 不規則変化です。よく使うので、そのまま覚えましょう。

54

Упражнение 2 以下の文をロシア語にしましょう。

1. 私はハバロフスクで勉強したいです。（учи́ться を使う）

2. 私の弟はヨーロッパ Евро́па で勉強したがっています。

3. 彼らは中国語 кита́йский язы́к を学びたがっています。（изуча́ть を使う）

4. 私はモスクワに住みたいです。

Шаг▶3 「○は…する予定です」という文を作れるようになりましょう。

Грамматика

未来を表す時は、**быть** の未来形と動詞の不定形を組み合わせます。**быть** の未来形は人称に応じて変化します。

例 Я <u>бу́ду</u> учи́ться за грани́цей! Она́ <u>бу́дет</u> учи́ться в Япо́нии.

быть の未来形

я	бу́ду	мы	бу́дем
ты	бу́дешь	вы	бу́дете
он	бу́дет	они́	бу́дут

Упражнение 3 以下の文をロシア語にしましょう。

1. 私はロシアで勉強する予定です。

2. 彼らは韓国語 коре́йский язы́к を学ぶ予定です。

3. 彼女はサンクトペテルブルク Санкт-Петербу́рг で働く予定です。

4. 彼はヨーロッパに住む予定です。

「○は△が気に入っている」という文を作れるようになりましょう。

Грамматика

○は△が気に入っている：○ (与格) + нра́вится +△ (主格)

例 **Мне** нра́вится Кирги́зия! (主格：я)

※ △が複数形の時はнра́вятсяになります。

人称代名詞の与格

主 格	я	ты	он/оно́	она́	мы	вы	они́	что	кто
与 格	мне	тебе́	(н)ему́*	(н)ей*	нам	вам	(н)им*	чему́	кому́

＊前置詞と結び付く時は н を挿入します。

※ 与格は通常「…に」を表す時に使います。

例 Мо́жно зада́ть <u>вам</u> вопро́сы?

Большо́е <u>вам</u> спаси́бо!

Я рекоменду́ю <u>вам</u> учи́ться здесь.

Упражнение 4 以下の文をロシア語にしましょう。

1. アンナは日本が気に入っています。

2. 彼女はハバロフスクが気に入っています。

3. 彼らはロシア語が気に入っています。

4. あなたはロシア語が気に入っていますか。

🔊 62 ☕ 数字の11〜20を覚えましょう。

11	оди́ннадцать	16	шестна́дцать
12	двена́дцать	17	семна́дцать
13	трина́дцать	18	восемна́дцать
14	четы́рнадцать	19	девятна́дцать
15	пятна́дцать	20	два́дцать

❶ 以下の質問にロシア語で答えましょう。

1. Вам нра́вится ваш университе́т? Почему́ (なぜ) ?

2. Вы хоти́те учи́ться за грани́цей? Почему́?

3. Где вы хоти́те жи́ть в бу́дущем (将来) ? Почему́?

❷ 学生時代にしたいことや、自分の将来の夢などについて発表してみましょう。

Идём дальше!

無人称述語

Мо́жно зада́ть вам вопро́сы? の мо́жно や、8 課 の Бы́ло о́чень вку́сно! の вку́сно のように、主語なしで使われる述語を無人称述語といいます。「寒い」と言いたい時、「ああ気分がいいなあ」と言いたい時、この無人称述語を使って Хо́лодно!, Хорошо́! と言います。意味上の主語や「…にとって」を表す場合は、与格にします。
例：Мне хо́лодно! (私は寒い！)

キルギス共和国 Кыргы́зская Респу́блика

Кирги́зия の正式な名称は、Кыргы́зская Респу́блика（キルギス共和国）あるいは Кыргызста́н（キルギスタン）です。к や г の後に ы が使われており、ロシア語の正書法の規則に反しますが、ロシア語と同じくキリル文字を用いるキルギス語の規則では問題なく、頻繁に使われます。キルギス語のアルファベットは、ロシア語のアルファベット 33 文字に 3 文字（ү, ө, ң）加えたものです。

キルギスの国旗。中心部は、遊牧民の移動式住居の天井を表しています。

Ру́сский музе́й

Цель урока

簡単な表現で、できるだけ中身のあるプレゼンテーションを作る工夫を考えてみましょう。ここで
は、サンクトペテルブルクにあるロシア美術館を紹介します。

🔊 63

(1) Ру́сский музе́й нахо́дится в це́нтре
Санкт-Петербу́рга. Э́то музе́й
ру́сского иску́сства. Здесь мо́жно
уви́деть карти́ны ру́сских
худо́жников.

ロシア美術館はサンクトペテルブルクの中心にあります。ロシア
芸術の美術館です。ここでは、ロシアの画家の絵を見ることがで
きます。

(2) Э́то карти́на Левита́на. Левита́н жил
и рабо́тал в 19-ом (девятна́дцатом)
ве́ке.

これはレビタンの絵です。レビタンは 19 世紀の作家です。

(3) Э́то карти́на Ре́пина – портре́т
компози́тора Ри́мского-Ко́рсакова.

これはレーピンの絵、作曲家リムスキー・コルサコフの肖像画で
す。

(4) Э́то оди́н из его́ шеде́вров
«Бурлаки́ на Во́лге».

これはレーピンの珠玉の作の一つ『ボルガの船曳』です。

(5) **Э́то зал жи́вописи и скульпту́ры конца́ 19-ого (девятна́дцатого) – нача́ла 20-ого (двадца́того) ве́ка.**

こちらは 19 世紀終わりから 20 世紀はじめの絵画と彫刻のホールです。

(6) **В музе́е ещё есть бога́тая колле́кция ико́н.**

美術館には、さらにイコンの豊富なコレクションがあります。

(7) **Пе́ред зда́нием музе́я стои́т па́мятник Пу́шкину.**

美術館の建物の前にはプーシキンの銅像があります。

単語リスト 🔊 64

музе́й 美術館	компози́тор 作曲家	ещё さらに
центр 中心	шеде́вр 傑作	бога́тый 豊かな
иску́сство 芸術	бурла́к 曳舟人夫	колле́кция コレクション
уви́деть 見る	зал ホール	ико́на イコン
карти́на 絵	жи́вопись 絵画	зда́ние 建物
худо́жник 画家	скульпту́ра 彫刻	стоя́ть 建っている
век 世紀	коне́ц 終わり	па́мятник 記念碑
портре́т 肖像画	нача́ло はじめ	

Шаг▶1 「これは…の絵です」「これは…の音楽です」「これは…の小説です」など、絵や
音楽、文学作品などを紹介できるようになりましょう。

Грамматика

「…の」は、生格で表します。レヴィタン Левита́н の場合は、Э́то карти́на
Левита́на. チャイコフスキー Чайко́вский のように形容詞の形をしていると Э́то
му́зыка Чайко́вского. と形容詞の生格形にします。

次の表は、形容詞 ру́сский の格変化表です。この課では、生格と前置格を練習します。

	男性	中性	女性	複数
主格	ру́сский	ру́сское	ру́сская	ру́сские
生格	ру́сского		ру́сской	ру́сских
与格	ру́сскому		ру́сской	ру́сским
対格	=主 / 生*		ру́сскую	=主 / 生*
造格	ру́сским		ру́сской	ру́сскими
前置格	ру́сском		ру́сской	ру́сских

＊ ＝主 / 生について：名詞が不活動体 (事物) の場合は、対格は主格と同じ形になり、名詞が活動体
(人・動物) の場合は、生格と同じ形になる。

Упражнение 1 以下の文をロシア語にしましょう。

1. これは、シャガール Шага́л の絵です。

2. これは、ボロディン Бороди́н の音楽 му́зыка です。

3. これは、プーシキン Пу́шкин の詩 стихи́ です。

4. これは、チェーホフ Че́хов の戯曲 пье́са です。

5. これは、ドストエフスキー Достое́вский の小説 рома́н です。

6. これは、トルストイ Толсто́й の小説です。

7. これは、ストラヴィンスキー Страви́нский の音楽です。

8. これは、カンディンスキー Канди́нский の絵です。

Шаг▶2 「…世紀に」「…世紀のはじめに」「…世紀の終わりに」と言えるように練習しましょう。

Грамматика ◀)) 65

「…世紀」は、順序数詞で表します。

例 20 世紀 **двадца́тый век**

1	пе́рвый	11	оди́ннадцатый
2	второ́й	12	двена́дцатый
3	тре́тий	13	трина́дцатый
4	четвёртый	14	четы́рнадцатый
5	пя́тый	15	пятна́дцатый
6	шесто́й	16	шестна́дцатый
7	седьмо́й	17	семна́дцатый
8	восьмо́й	18	восемна́дцатый
9	девя́тый	19	девятна́дцатый
10	деся́тый	20	двадца́тый
		21	два́дцать пе́рвый

「20 世紀に」と言う場合には、**в двадца́том ве́ке** と、**двадца́тый** が形容詞の前置格形、**век** が名詞の前置格形となります。

「20 世紀のはじめに」「20 世紀の終わりに」と言う時は、「20 世紀の」を生格、「はじめに」「終わりに」を в ＋前置格で表します。

例 20 世紀のはじめに **в нача́ле двадца́того ве́ка**

20 世紀の終わりに **в конце́ двадца́того ве́ка**

Упражнение 2 **Упражнение 1** の人たちは、いつごろ活躍した人たちでしょうか。

「…世紀に」「…世紀のはじめに」「…世紀の終わりに」という表現を使って言いましょう。

例 Левита́н → Левита́н жил и рабо́тал в девятна́дцатом ве́ке.

ロシア美術館のプレゼンテーションで使われている、名詞複数形の変化を確認しておきましょう。

Грамматика

名詞複数形の変化

次の表は、テキストに出てくる名詞の複数の格変化表です。一度に覚えることはたいへんですから、まずは、テキストの中に出てくる形が何格であるかを確認し、意味がとれるようにしましょう。

単数主格		худо́жник	карти́на
複数	主格	худо́жники	карти́ны
	生格	худо́жников	карти́н
	与格	худо́жникам	карти́нам
	対格	худо́жников	карти́ны
	造格	худо́жниками	карти́нами
	前置格	худо́жниках	карти́нах

※ мно́го, ско́лько などに続く語は、生格になります。複数生格の形は、 **Идём дальше!** で紹介していますが、少々複雑です。徐々に覚えていきましょう。

В заключение

❶ 以下の文をロシア語にしましょう。

1. 大阪城 О́сакский за́мок は大阪の中心にあります。

2. 皇居 Дворе́ц импера́тора は東京 То́кио の中心にあります。

3. 京都国際漫画ミュージアム Кио́тский междунаро́дный музе́й ма́нги は京都 Кио́то にあります。

4. ミュージアムではたくさんのコミックス ко́микс を読むことができます。

5. これは手塚治虫の作品 произведе́ние です。

6. 彼は 20 世紀に生き、仕事をしました。

❷ ロシア美術館の紹介を参考に、興味のあることについてプレゼンテーションをしてみましょう。

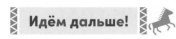 **Идём дальше!**

名詞の複数生格

男性名詞、中性名詞、女性名詞ともに、複数の与格は -ам/-ям、造格は -ами/-ями、前置格は -ах/-ях の語尾となりますが、複数生格は複雑です。

	複数生格	例語
男性名詞	-ов / -ев	худо́жник – худо́жников, музе́й – музе́ев
中性名詞	語尾なし / -ь ＊出没母音に注意	о́зеро – озёр
女性名詞		карти́на – карти́н, неде́ля – неде́ль

＊ -а, -о の語尾がなくなり、語末が 2 子音連続になると子音の間に о か е が入ります。この母音を出没母音といいます。

(су́мка – су́мо̲к, ру́чка – ру́ч̲ек, окно́ – о́ко̲н, письмо́ – пи́с̲ем)

| -ь で終わる男性名詞・女性名詞
-е で終わる中性名詞
ж, ш, щ, ч で終わる男性名詞 | ➡ | -ей (слова́рь – словаре́й,
каранда́ш – карандаше́й,
мо́ре – море́й) |

| -ия で終わる女性名詞
-ие で終わる中性名詞 | ➡ | -ий (колле́кция – колле́кций,
произведе́ние – произведе́ний) |

Дополнительное упражнение

次の語の複数生格形を書いてみましょう。

1. журна́л
2. газе́та
3. кни́га
4. уче́бник
5. студе́нт

6. язы́к
7. вопро́с
8. тетра́дь
9. подру́га
10. студе́нтка

Как вы встреча́ете Но́вый год?

Цель урока

ロシア語を使って映像作品を創りましょう。例えば、ニュースキャスターになってロシアの新年の
迎え方をリポートしてみます。

🔊 66

(1) Здра́вствуйте! Но́вости из Москвы́.
Сего́дня три́дцать пе́рвое декабря́.
Семь часо́в по моско́вскому вре́мени.

こんにちは！モスクワからニュースをお届けします。今日は
12月31日です。モスクワ時間7時です。

(2) Как вы встреча́ете Но́вый год?
Дава́йте посмо́трим, как встреча́ют
Но́вый год в Росси́и.

みなさんはどんなふうに新年を迎えますか。
ロシアではどんなふうに新年を迎えるのか見てみましょう。

(3) Вот, посмотри́те! На Кра́сной
пло́щади стои́т огро́мная ёлка.

ほら、見てください！赤の広場に大きなヨールカが立ってい
ますよ。

(4) В кварти́ре то́же укра́сили ёлку.
В Росси́и украша́ют ёлку и встреча́ют
Но́вый год.

家にもヨールカが飾られています。ロシアでは、ヨールカを
飾って新年を迎えます。

(5) Вот Дед Моро́з и Снегу́рочка.
Они́ прино́сят де́тям пода́рки.

ほら、マロース爺さんと雪娘ですよ。彼らは、子どもたちに
プレゼントを持って来ます。

(6) На столе́ сала́т оливье́, селёдка под шу́бой, голубцы́, котле́ты и, коне́чно, шампа́нское.

テーブルの上にはオリビエサラダ、毛皮を着たニシン、ガルプツィ、カトレット、そしてもちろん、シャンパンがあります。

(7) В 12 часо́в все поднима́ют бока́лы и поздравля́ют друг дру́га: «С Но́вым го́дом!».

12時になると、みんなが杯を上げ、互いに「新年おめでとう！」と祝います。

(8) Дава́йте споём нового́днюю пе́сню и прочита́ем нового́дние стихи́!

新年の歌を歌いましょう、新年の詩を読みましょう！

単語リスト 🔊)) 67

Но́вый год　新年
но́вость　ニュース
из ＋生格　…から
сего́дня　今日
по моско́вскому вре́мени　モスクワ時間
встреча́ть　(不完了体) 迎える
посмотре́ть　(完了体) 見る
на Кра́сной пло́щади　赤の広場で
стои́т ＜ стоя́ть　(不完了体) 立っている
огро́мный　大きな
ёлка　もみの木
кварти́ра　アパート・マンション
укра́сить　(完了体) 飾る

украша́ть　(不完了体) 飾る
приноси́ть　(不完了体) 持ってくる
де́тям (与格) ＜ де́ти　子供たち
пода́рок　プレゼント
на столе́　机の上に
поднима́ть　(不完了体) 上げる
бока́л　杯
поздравля́ть　(不完了体) 祝う
друг дру́га　互いに
спеть　(完了体) 歌う
прочита́ть　(完了体) 読む
нового́дняя пе́сня　新年の歌
нового́дние стихи́　新年の詩

)) 68 | **Шаг▶1** | 時間の表現を練習しましょう。

Грамматика

時間は、個数詞に「時」にあたる語 час を付けますが、1 時のときは час、2 時〜4 時 は часа́ (単数生格)、5 時〜12 時は часо́в (複数生格) を付けます。

1 時	(оди́н) час	7 時	семь часо́в
2 時	два часа́	8 時	во́семь часо́в
3 時	три часа́	9 時	де́вять часо́в
4 時	четы́ре часа́	10 時	де́сять часо́в
5 時	пять часо́в	11 時	оди́ннадцать часо́в
6 時	шесть часо́в	12 時	двена́дцать часо́в

Упражнение 1 ▷ по моско́вскому вре́мени をつけて時間を言いましょう。

例 モスクワ時間 8 時 → Во́семь часо́в по моско́вскому вре́мени.

1. モスクワ時間 9 時   **3.** モスクワ時間 3 時

2. モスクワ時間 6 時   **4.** モスクワ時間 12 時

)) 69 | **Шаг▶2** | 日にちの表現を練習しましょう。

Грамматика

日にちは、順序数詞の中性形で言います。○月○日と言うときは、日にちの後ろに月を生格で言います。 例 пе́рвое января́

1	пе́рвое	13	трина́дцатое
2	второ́е	14	четы́рнадцатое
3	тре́тье	15	пятна́дцатое
4	четвёртое	16	шестна́дцатое
5	пя́тое	17	семна́дцатое
6	шесто́е	18	восемна́дцатое
7	седьмо́е	19	девятна́дцатое
8	восьмо́е	20	двадца́тое
9	девя́тое	21	два́дцать пе́рвое
10	деся́тое	30	тридца́тое
11	оди́ннадцатое	31	три́дцать пе́рвое
12	двена́дцатое		

1月	янва́рь января́	5月	май ма́я	9月	сентя́брь сентября́
2月	февра́ль февраля́	6月	ию́нь ию́ня	10月	октя́брь октября́
3月	ма́рт ма́рта	7月	ию́ль ию́ля	11月	ноя́брь ноября́
4月	апре́ль апре́ля	8月	а́вгуст а́вгуста	12月	дека́брь декабря́

Упражнение 2　Сего́дня に続けて、次の日付を言いましょう。

例　12月20日　→　Сего́дня двадца́тое декабря́.

1. 1月7日
2. 3月8日
3. 6月6日
4. 12月31日

新年のお祭りとくるみ割り人形

　12月31日は、どこもお祭り気分です。町中にワクワクした空気があふれかえっています。モスクワの赤の広場にも、サンクトペテルブルクの宮殿広場にも、ウラジオストクの中央広場にも、大きなヨールカが飾られ、そこにはたくさんの人が新年のカウントダウンをしようと集まってきます。

　お家にいる子どもたちのところには、マロース爺さんと雪娘がプレゼントを持ってやってきます。マロース爺さんはサンタクロースみたいに見えるかも知れませんが、12月25日ではなく新年のお祝いにプレゼントを持ってやってきます。ロシア正教のキリストの降誕祭は、旧暦の12月25日にあたる1月7日です。

　町は新年のディスプレイやイルミネーションでキラキラ。ほら、チャイコフスキーの「くるみ割り人形」の音楽が聞こえてきますよ。チャイコフスキーの三大バレエのひとつ「くるみ割り人形」は、クリスマスのお話です。ロシアでは、12月、1月、どこの劇場でもこの「くるみ割り人形」がよく上演されます。冬にロシアに行くことがあったら、是非、劇場で「くるみ割り人形」を見てください。

Грамматика

Вот, посмотри́те!「ほら、見てください！」の посмотри́те は、посмотре́ть「見る（完了体）」の命令形です。

現在語幹が母音で終わる場合	-й	рабо́тай
現在語幹が子音で終わる場合	-и	смотри́
	-ь	гото́вь
※ вы で話す相手に対しては -те を付けます。		рабо́тайте

※ 現在語幹は、動詞の人称変化 ты の形から語尾を取ることによって得られます。

不定形	人称変化	現在語幹	命令形
рабо́тать	рабо́таю, рабо́таешь, рабо́тает …	рабо́та-	рабо́тай
смотре́ть	смотрю́, смо́тришь, смо́трит …	смотр-	смотри́
гото́вить	гото́влю, гото́вишь, гото́вит …	гото́в-	гото́вь

2 課で学んだ授業で使うことばを思い出してください。

聞いてください	Слу́шайте! ← слу́шать
見てください	Смотри́те! ← смотре́ть
書いてください	Напиши́те! ← написа́ть
読んでください	Прочита́йте! ← прочита́ть
繰り返してください	Повтори́те! ← повтори́ть
教科書を開いてください	Откро́йте учебник! ← откры́ть
どうぞ教えてください	Скажи́те, пожа́луйста. ← сказа́ть

В заключение

あなたもニュースキャスター。これまで学んだ表現をフルに使って、映像作品を作ってみましょう。

お祝いのことばの例：

~を (生格) 祈念します 　Жела́ю тебе́ │счáстья│ в Нóвом году́!

~でありますように 　　Пусть Нóвый год принесёт тебе́ │счáстье│!

│счáстье│(幸せ) を здорóвье (健康)、рáдость (喜び)、успéх (成功)、удáча (幸運)、
любóвь (愛) などにかえたり、いくつもの願い事を並べるなどしてメッセージを書いてみましょう。
インターネットで検索すると美しい表現が紹介されていますので参考にするといいですね。

動詞の体

В кварти́ре тóже украси́ли ёлку.
В Росси́и украша́ют ёлку и встречáют Нóвый год.

украша́ть / укрáсить はどちらも「飾る」という意味ですが、укрáсить は「完了体」、
украша́ть は「不完了体」の動詞です。完了体は「具体的で 1 回限りの動作」を表し、不完
了体は「継続的な動作や習慣的な動作」を表します。動詞の体は、ロシア語の文法の中でも難
しい項目です。これから少しずつ学んでいきましょう。

不定人称文

В Росси́и украша́ют ёлку и встречáют Нóвый год.

行為者でなく行為や事実そのものが重要である場合、主語を示さず述語だけを 3 人称複数形で
示します。これを「不定人称文」といいます。

Встреча́ем весну́!

🔊 71

> Я чу́чело Ма́сленицы. Ско́ро Ма́сленица! Мы провожа́ем зи́му и ве́село встреча́ем весну́.

Цель урока

これまでの授業を振り返りましょう。春を迎えるお祭りについて学びながら、ことばと、そのことばの周りにある事象について知ったこと、学んだこと、気づいたことについて話し合ってみましょう。

Как достичь цели

🔊 72 **Шаг▶1**   春を迎える祝祭について調べてみましょう。

オオキ、マオ、コウタ、アイヌーラの SNS グループです。ハバロフスクにいるコウタからメッセージがきました。

> Я сейча́с в Хаба́ровске. На Ма́сленице.

> На Ма́сленице? Как хорошо́!

> Здо́рово!

> В Кыргызста́не ско́ро Ноору́з!

> Ноору́з?

> Да! Пра́здник Весны́.

> Интере́сно!

Упражнение 1 オオキもマオもさっそく Ма́сленица と Нооруз をネットサーチ。みなさんも調べてみましょう。

🔍 Ма́сленица 🔍

(1) Ма́сленица — я́ркий весёлый наро́дный пра́здник. В ма́сленичную неде́лю лю́ди провожа́ют зи́му и встреча́ют весну́.

(2) Гото́вят блины́, едя́т и угоща́ют. Друзья́ хо́дят в го́сти друг к дру́гу. Де́лают чу́чело Ма́сленицы. В конце́ пра́здника сжига́ют чу́чело.

(3) Ма́сленичные развлече́ния: ката́ние на саня́х, хорово́ды и пе́сни, выступле́ния ку́кольного теа́тра и так да́лее.

Ма́сленица идёт, блин да мёд несёт.

🔍 Нооруз 🔍

(4) Нооруз означа́ет «но́вый день» по-перси́дски. Э́тот пра́здник отмеча́ют в ра́зных стра́нах в конце́ ма́рта.

(5) В Кыргызста́не гото́вят специа́льное блю́до «сумолок». Его́ ва́рят всю ночь. Постоя́нно переме́шивают и зага́дывают жела́ние.

(6) В па́рках и скве́рах прохо́дят наро́дные гуля́нья, на ипподро́мах — ко́нные и́гры и соревнова́ния.

чу́чело かかし
ско́ро もうすぐ
провожа́ть 見送る
ве́село 楽しく
я́ркий 明るい
весёлый 楽しい
наро́дный 民衆の
пра́здник 祝祭
неде́ля 週
едя́т (彼らは) 食べる
угоща́ть ご馳走する
друзья́ 友人たち
　　(друг の複数形)
ходи́ть 行く・来る
в го́сти 客に
друг к дру́гу 互いに
де́лать する・作る

в конце́ 最後に
сжига́ть 燃やす
развлече́ние 娯楽
ката́ние на саня́х そり滑り
хорово́д 輪舞
ку́кольный 人形の
теа́тр 劇場
выступле́ние パフォーマンス
и так да́лее など
идти́ 行く・来る
да …と
мёд 蜂蜜
нести́ 持って行く・来る
означа́ть 意味する
по-перси́дски ペルシャ語で
отмеча́ть 祝う
ра́зный 様々な

специа́льный 特別な
блю́до 料理
вари́ть 煮る
всю ночь 一晩中
постоя́нно 絶えず
переме́шивать 混ぜる
зага́дывать 占う、(願いを)かける
жела́ние 願い
скве́р 辻公園
проходи́ть 行う
гуля́нье 野外祭り
ипподро́м 競馬場
ко́нный 馬の
игра́ ゲーム
соревнова́ние 競技

Идём дальше!

移動の動詞

Ма́сленица идёт, блин да мёд несёт. Друзья́ хо́дят в го́сти друг к дру́гу. に出てくる идёт、несёт、хо́дят のような動詞を「移動の動詞」といいます。単語リストでは「行く・来る」と訳語をつけていますが、ロシア語では「行く」と「来る」は文脈によって訳し分けます。Он идёт в го́сти к дру́гу. だと、「彼は友だちのところに客に行く」ですが、Он идёт в го́сти к нам.「彼は私たちのところに客に来る」と訳すことができます。また、Друзья́ хо́дят в го́сти друг к дру́гу. は、「友人たちが互いに客に行く」で、行ったり来たりしているということを表します。

ロシア語学習は始まったばかり、Идём да́льше!

Шаг▶2 これまでの授業を振り返りましょう。

Упражнение 2 ｜ 1課からの登場人物に関する質問に答えましょう。

(1) Кто э́то?

(2) Когда́ (いつ) он жил и рабо́тал?

(3) Кто э́то? Кто в коро́бке (箱)?

(4) Ма́ша гото́вила вку́сные пирожки́. Где пирожки́?

(5) Кто э́то?

(6) Что мы гото́вили вме́сте с ни́ми (彼らと)?

(7) Кто э́то? Кто он? Кого́ он люби́л?

(8) Когда́ он жил и рабо́тал?

(9) Каки́е стихи́ он писа́л?

(10) Кто э́то?

(11) Каки́е пе́сни мы пе́ли вме́сте с ней?

(12) Кто э́то?

(13) Что они́ прино́сят де́тям?

Упражнение 3 各課の最後にアイテムボックスがありました。みなさんのアイテムボックスには
何が入っていますか。ロシア語でできるようになったこと、ロシアやロシア語圏
について知ったことにはどんなことがありますか。

Шаг▶3 言語に関連してこれからできるようになりたいことを考えましょう。

Упражнение 4 Másленица の чýчело に願い事を入れて燃やすとその願い事が叶うという
言い伝えがあります。どんな願い事がありますか。考えてみましょう。

В заключение

これまで一緒に学んできたクラスメートと、「ことばとことばの周りにある事象」をテーマに話し
合ってみましょう。

74

Дава́йте провожа́ть зи́му и ве́село встреча́ть весну́ вме́сте с на́шими геро́ями. С пра́здником!

 ◀)) 73

Дорогой искатель приключений!

Поздравляю Вас с успешным завершением игры!
Вам понравились приключения в мире русского языка?
Я вижу, что у Вас уже большой опыт! Вы просто МО-ЛО-ДЕЦ!!

Мир русского языка огромный. Вас ждет еще много новых приключений! Надеюсь, что Вы и дальше будете наслаждаться новыми приключениями в мире русского языка.

Желаю Вам удачи и успехов!
До скорой встречи!

С уважением, Мастер игры

文 法 表

◆ 名詞の格変化 単数

男性名詞

主格	журна́л	музе́й	слова́рь	студе́нт
生格	журна́ла	музе́я	словаря́	студе́нта
与格	журна́лу	музе́ю	словарю́	студе́нту
対格	журна́л	музе́й	слова́рь	студе́нта
造格	журна́лом	музе́ем	словарём	студе́нтом
前置格	журна́ле	музе́е	словаре́	студе́нте

中性名詞

主格	письмо́	мо́ре	вре́мя
生格	письма́	мо́ря	вре́мени
与格	письму́	мо́рю	вре́мени
対格	письмо́	мо́ре	вре́мя
造格	письмо́м	мо́рем	вре́менем
前置格	письме́	мо́ре	вре́мени

女性名詞

主格	газе́та	неде́ля	тетра́дь	аудито́рия	студе́нтка
生格	газе́ты	неде́ли	тетра́ди	аудито́рии	студе́нтки
与格	газе́те	неде́ле	тетра́ди	аудито́рии	студе́нтке
対格	газе́ту	неде́лю	тетра́дь	аудито́рию	студе́нтку
造格	газе́той	неде́лей	тетра́дью	аудито́рией	студе́нткой
前置格	газе́те	неде́ле	тетра́ди	аудито́рии	студе́нтке

◆ 正書法の規則　г, к, х, ж, ш, щ, ч の後には、ы, ю, я を書かず и, у, а を書く。

◆ 名詞の格変化 複数

男性名詞

主格	журна́лы	музе́и	словари́	студе́нты
生格	журна́лов	музе́ев	словаре́й	студе́нтов
与格	журна́лам	музе́ям	словаря́м	студе́нтам
対格	журна́лы	музе́и	словари́	студе́нтов
造格	журна́лами	музе́ями	словаря́ми	студе́нтами
前置格	журна́лах	музе́ях	словаря́х	студе́нтах

中性名詞

主格	пи́сьма	моря́	времена́
生格	пи́сем	море́й	времён
与格	пи́сьмам	моря́м	времена́м
対格	пи́сьма	моря́	времена́
造格	пи́сьмами	моря́ми	времена́ми
前置格	пи́сьмах	моря́х	времена́х

女性名詞

主格	газе́ты	неде́ли	тетра́ди	аудито́рии	студе́нтки
生格	газе́т	неде́ль	тетра́дей	аудито́рий	студе́нток
与格	газе́там	неде́лям	тетра́дям	аудито́риям	студе́нткам
対格	газе́ты	неде́ли	тетра́ди	аудито́рии	студе́нток
造格	газе́тами	неде́лями	тетра́дями	аудито́риями	студе́нтками
前置格	газе́тах	неде́лях	тетра́дях	аудито́риях	студе́нтках

◆ 疑問代名詞・指示代名詞の文法性による変化

男性	чей	мой	твой	наш	ваш				э́тот
女性	чья	моя́	твоя́	на́ша	ва́ша	его́	её	их	э́та
中性	чьё	моё	твоё	на́ше	ва́ше				э́то
複数	чьи	мои́	твои́	на́ши	ва́ши				э́ти

◆ 形容詞の性、数、格による変化

	男性	中性	女性	複数
主格	вку́сный	вку́сное	вку́сная	вку́сные
生格	вку́сного		вку́сной	вку́сных
与格	вку́сному		вку́сной	вку́сным
対格	=主 / 生		вку́сную	=主 / 生
造格	вку́сным		вку́сной	вку́сными
前置格	вку́сном		вку́сной	вку́сных

◆ 人称代名詞、кто、что の格変化

主格	я	ты	он/оно́	она́	мы	вы	они́	что	кто
生格	меня́	тебя́	(н)его́	(н)её	нас	вас	(н)их	чего́	кого́
与格	мне	тебе́	(н)ему́	(н)ей	нам	вам	(н)им	чему́	кому́
対格	меня́	тебя́	(н)его́	(н)её	нас	вас	(н)их	что	кого́
造格	мной	тобо́й	(н)им	(н)ей	на́ми	ва́ми	(н)и́ми	чем	кем
前置格	мне	тебе́	нём	ней	нас	вас	них	чём	ком

◆ 動詞の変化

不定形	знать	говори́ть	учи́ться
я	зна́ю	говорю́	учу́сь
ты	зна́ешь	говори́шь	у́чишься
он	зна́ет	говори́т	у́чится
мы	зна́ем	говори́м	у́чимся
вы	зна́ете	говори́те	у́читесь
они́	зна́ют	говоря́т	у́чатся
命令形	зна́й зна́йте	говори́ говори́те	учи́сь учи́тесь

過去

он	знал	говори́л	учи́лся
она́	зна́ла	говори́ла	учи́лась
оно́	зна́ло	говори́ло	учи́лось
они́	зна́ли	говори́ли	учи́лись

未来

я	бу́ду зна́ть	бу́ду говори́ть	бу́ду учи́ться
ты	бу́дешь зна́ть	бу́дешь говори́ть	бу́дешь учи́ться
он	бу́дет зна́ть	бу́дет говори́ть	бу́дет учи́ться
мы	бу́дем зна́ть	бу́дем говори́ть	бу́дем учи́ться
вы	бу́дете зна́ть	бу́дете говори́ть	бу́дете учи́ться
они́	бу́дут зна́ть	бу́дут говори́ть	бу́дут учи́ться

◆ 動詞の変化 (特殊変化)

不定形	жить	писа́ть	петь	рекомендова́ть
я	живу́	пишу́	пою́	рекоменду́ю
ты	живёшь	пи́шешь	поёшь	рекоменду́ешь
он	живёт	пи́шет	поёт	рекоменду́ет
мы	живём	пи́шем	поём	рекоменду́ем
вы	живёте	пи́шете	поёте	рекоменду́ете
они́	живу́т	пи́шут	пою́т	рекоменду́ют
命令形	живи́ живи́те	пиши́ пиши́те	пой по́йте	рекоменду́й рекоменду́йте

過去

он	жил	писа́л	пел	рекомендова́л
она́	жила́	писа́ла	пе́ла	рекомендова́ла
оно́	жи́ло	писа́ло	пе́ло	рекомендова́ло
они́	жи́ли	писа́ли	пе́ли	рекомендова́ли

不定形	нра́виться	есть (食べる)	хоте́ть
я	нра́влюсь	ем	хочу́
ты	нра́вишься	ешь	хо́чешь
он	нра́вится	ест	хо́чет
мы	нра́вимся	еди́м	хоти́м
вы	нра́витесь	еди́те	хоти́те
они́	нра́вятся	едя́т	хотя́т
命令形	нра́вься нра́вьтесь	ешь е́шьте	

過去

он	нра́вился	ел	хоте́л
она́	нра́вилась	е́ла	хоте́ла
оно́	нра́вилось	е́ло	хоте́ло
они́	нра́вились	е́ли	хоте́ли

◆ 数詞

	個数詞	順序数詞
1	оди́н	пе́рвый
2	два	второ́й
3	три	тре́тий
4	четы́ре	четвёртый
5	пять	пя́тый
6	шесть	шесто́й
7	семь	седьмо́й
8	во́семь	восьмо́й
9	де́вять	девя́тый
10	де́сять	деся́тый
11	оди́ннадцать	оди́ннадцатый
12	двена́дцать	двена́дцатый
13	трина́дцать	трина́дцатый
14	четы́рнадцать	четы́рнадцатый
15	пятна́дцать	пятна́дцатый
16	шестна́дцать	шестна́дцатый
17	семна́дцать	семна́дцатый
18	восемна́дцать	восемна́дцатый
19	девятна́дцать	девятна́дцатый
20	два́дцать	двадца́тый
30	три́дцать	тридца́тый
40	со́рок	сороково́й
50	пятьдеся́т	пятидеся́тый
60	шестьдеся́т	шестидеся́тый
70	се́мьдесят	семидеся́тый
80	во́семьдесят	восьмидеся́тый
90	девяно́сто	девяно́стый
100	сто	со́тый

編集アシスタント
竹内 大樹

協力
関西大学ロシア語の先生方
大森 真央
須貝 航太
関西大学でロシア語を学ぶ学生のみなさん

ロシア語校正
ジュマグーロヴァ・アイヌーラ
バクン・エレーナ

吹き込み
フロロワ・アナスタシア
シェヴェレフ・エゴール

イラスト（表紙・巻頭・本文）
松岡豊香

装丁
メディア・アート

本書の企画から出版にあたっては、朝日出版社の山田敏之さんに大変お世話になりました。いろいろとわがままを聞いてくださり、ありがとうございました。

創って学ぶ！ シン・ロシア語入門

検印
省略

© 2024 年 1 月 30 日　第 1 版　発行

著　者　　　　小田桐　奈美
　　　　　　　北　岡　千　夏

発行者　　　　小川　洋一郎
発行所　　　株式会社 朝 日 出 版 社
〒 101-0065 東京都千代田区西神田 3-3-5
電話（03）3239-0271・72（直通）
振替口座　東京　00140-2-46008
http://www.asahipress.com/
欧友社／信毎書籍

乱丁・落丁本はお取り替えいたします
ISBN978-4-255-55509-6 C1087

本書の一部あるいは全部を無断で複写複製（撮影・デジタル化を含む）及び転載することは、法律上で認められた場合を除き、禁じられています。